Edition Postskriptum
zu Klampen Verlag

Martin Gülich

Vorsaison

Roman

Edition Postskriptum
zu Klampen Verlag

Erste Auflage 1999

Postfach 1963, 21309 Lüneburg
Tel.: 04131/73 30 30; Fax: 04131/73 30 33
Druck: Clausen & Bosse, Leck
Umschlag: Groothuis & Consorten, Hamburg

Die Deutsche Bibliothek – CIP-Einheitsaufnahme:

Gülich, Martin :
Vorsaison : Roman / Martin Gülich. -
Lüneburg : zu Klampen, 1999
ISBN 3-933156-44-0

Anpfiff	7
Olympiasieger	11
Big Titty	22
Messungen	36
Zank	49
Zeugnisse	62
Hot Legs	77
Schwuli	87
Halbfinale	99
Auftritte	117
Reifeprüfung	132
Verpuffungen	142
Engel	160
Nachspiel	171

Für Francesca und Oliver

Anpfiff

Meine Eltern behaupteten, ich sei ein Sonntagskind. Das, so schien es, war ein großes Glück. Zumindest war es das für meine Eltern. Wenn es stimmte, was sie sagten, dann war ich genau vier Minuten vor Mitternacht zur Welt gekommen. Manchmal allerdings hatte ich den Verdacht, daß im Krankenhaus die Uhren falsch gegangen waren. Vielleicht schummelten sie auch einfach ein bißchen, wenn die Sache mit dem Sonntag knapp wurde. Wie ein Sonntagskind kam ich mir jedenfalls nicht vor. Innerhalb eines Monats hatte ich mir nacheinander einen Zahn ausgeschlagen, war in einen rostigen Nagel getreten und hatte meinen Frisbee unwiederbringlich in der Krone einer Rieseneiche versenkt. Sämtliche Kletterversuche scheiterten noch vor dem ersten Ast. Ein anderer schien dabei mehr Erfolg gehabt zu haben. Wenige Tage später jedenfalls war mein Frisbee verschwunden.

Im selben Monat war auch mein Goldhamster Bubu gestorben, den ich erst vier Wochen zuvor bekommen hatte. Ich hatte ihn schon tagelang nicht mehr gesehen, mich aber nicht getraut, seiner plötzlichen Scheu auf den Grund zu gehen. Es war mein Vater, der schließlich das Häuschen anhob und Bubu reglos auf seinem Rücken fand. Angeblich war er ganz friedlich eingeschlafen, aber das war eine Lüge. Kein Goldhamster schlief jemals auf dem Rücken, um das zu wissen, mußte man noch nicht mal im Lexikon nachschlagen. Vater behauptete, Bubu sei ein Garantiefall, und ich müßte im Zooladen auf alle

Fälle einen neuen bekommen, aber mir war die Lust auf Goldhamster gründlich vergangen.

Nach meiner Pechsträhne verstummte das Sonntagskindgerede meiner Eltern für eine Weile. Kaum aber hatte ich auf einer Tombola im Gemeindesaal eine Barbiepuppe gewonnen, ging die alte Leier von vorne los. Dabei war eine Barbiepuppe ganz sicher nicht das, was man als großes Glück bezeichnen konnte. Genaugenommen war eine Barbiepuppe so ziemlich das Peinlichste, womit man als Junge in aller Öffentlichkeit gesehen werden konnte. Nicht einmal Anka, meine ältere Schwester, mochte sie mir abnehmen.

»Er ist halt ein Sonntagskind«, sagte meine Mutter zur Losverkäuferin, »da haben wir uns schon dran gewöhnt.«

Sie ließ mich zwei weitere Lose aus dem Plastikeimer ziehen, obwohl der Tisch mit den Preisen schon fast abgeräumt war. Ich war froh, als zweimal hintereinander das Wort *Niete* auf den Papierröllchen auftauchte.

»Na ja«, sagte meine Mutter entschuldigend, »immer klappt's natürlich auch nicht.«

Die Losverkäuferin nickte. Irgendwie schienen sie sich zu verstehen.

Auch was mein Äußeres anging, konnte von Glück kaum die Rede sein. Ich war einer der Kleinsten in der Klasse, was auf dem neuesten Klassenfoto besonders auffiel. Neben Hartmut und Frank, die beide einen halben Kopf größer waren als ich, sah ich aus wie ein Zwerg. Um meine Erscheinung ein wenig aufzupeppen, trug ich mit Vorliebe amerikanische Fliegerhemden, bei denen auf der Brusttasche der Schriftzug *Commander* aufgestickt war. Zur Not gingen auch die mit *Lieutenant*, aber ich glaubte, daß *Commander* mehr war. Kerstin, ein Mädchen aus meiner Klasse, nannte sie Kriegshemden, aber das war natürlich Unsinn. Schließlich war der Krieg der Amerikaner längst vorbei, und außerdem waren die Hemden ja nur Imitationen. Ich hatte drei davon, weitere fielen den Sparmaßnahmen meiner Mutter zum Opfer. Angeblich hatte ich genug Anziehsachen, aber der wahre Grund war, daß sie die Hemden häßlich fand.

Das nächste Problem waren meine Hosen. Ich wollte nur Jeans, aber meine Mutter versuchte mich immer wieder in Cordhosen reinzuzwängen. Cordhosen würden viel feiner aussehen, sagte sie, aber genau das war ja das Problem. Ich wollte alles, nur nicht fein aussehen. Zudem paßten Cordhosen ungefähr so gut zu Fliegerhemden wie Lackschuhe zu Arbeitskitteln. Um das zu erkennen, mußte man noch nicht mal einen besonders guten Geschmack haben. Ich wußte nicht, was meine Eltern damit bezweckten, aber irgendwie ließen sie keine Gelegenheit aus, mich zum Gespött meiner Klassenkameraden zu machen. Nicht genug, daß sie alles daransetzten, mich wie einen Streber herauszuputzen. In den Sommerferien versuchten sie auch noch, mich in ein Ferienlager der evangelischen Kirche zu stecken. Jeder wußte, daß es da nur Mädchen gab. Ganz besonders wußten das meine Klassenkameraden, die keine Gelegenheit ausließen, mich damit aufzuziehen. Mutter hatte bereits meine Tasche gepackt, da kam die erlösende Nachricht, daß der Gruppenleiter mit einem Blinddarmdurchbruch im Krankenhaus lag. Da auf die Schnelle kein Ersatz gefunden werden konnte, mußte die Freizeit abgesagt werden. Es war das einzige Mal in dem ganzen Jahr, daß ich richtig Glück hatte.

Daß ich in der Schule schon ohne ihr Zutun einen schweren Stand hatte, schien meine Eltern nicht sonderlich zu interessieren. Überhaupt schienen sie zu glauben, daß Anka und ich nicht mehr viel zu befürchten hatten.

»Jetzt, wo sie aus dem Gröbsten raus sind«, hörte ich meine Mutter vor der Tür zu unserer Nachbarin sagen, »können wir endlich auch mal wieder ein bißchen mehr an uns selbst denken.«

Ich wußte zwar nicht, was genau sie mit *dem Gröbsten* meinte, aber mein Gefühl sagte mir, daß ich noch mittendrin steckte. Gut möglich, daß mir das Schlimmste erst noch bevorstand. Was *das Schlimmste* war, wußte ich zwar genausowenig, aber ich war mir ziemlich sicher, daß das Leben außer Feincordhosen, toten Goldhamstern und evangelischen Ferienlagern noch eine ganze Menge anderer Gemeinheiten für mich bereithielt. Die Bilder, die mir dazu im Kopf herumschwirrten, gefielen mir gar nicht. Ich kniff die Augen zusammen und ließ mich rücklings aufs Sofa fallen. Es war Zeit genug, dem Schlimmsten ins Auge zu sehen, wenn es vor einem stand. Und trotz allem blieb mir ja immer noch die winzige Hoffnung, daß ich am Ende doch ein Sonntagskind war.

Olympiasieger

Die Schule lag eineinhalb Kilometer von unserem Haus entfernt am anderen Ende des Dorfes. Meinen Eltern war das von Anfang an ein Dorn im Auge gewesen. Ich hatte das Gefühl, sie trauten Anka und mir nicht recht zu, jeden Tag so weit mit dem Fahrrad zu fahren. Fast hätten sie deshalb ein kleineres Haus in Sichtweite der Schule gekauft, aber dann waren ihnen andere Dinge doch wichtiger gewesen. Besonders der offene Kamin im Wohnzimmer hatte es meinem Vater angetan. Er bestellte eine riesige Ladung Holz, die wir über Stunden auf der Garageneinfahrt kleinhackten. Doch schon an unserem ersten Kaminabend stellte sich heraus, daß der Abzug nicht richtig funktionierte. Beißender Rauch machte sich im Zimmer breit, und binnen Minuten tränten uns die Augen. Die Handwerker, die mein Vater rief, wußten keinen Rat. Zumindest keinen, den meine Eltern bezahlen wollten. Mein Vater tobte, und ich hörte, wie er am Telefon mit dem Rechtsanwalt drohte. Kurz darauf kam tatsächlich ein Mann mit Anzug und Aktenkoffer in unser Haus und schaute sich die Sache an. Er redete ohne Pause. Selbst dann noch, als er seinen Kopf in den Abzug steckte. Seine Stimme hallte wie in einer Geisterbahn. Als er Sekunden später wieder hervortauchte, war ich enttäuscht, daß sein Gesicht nicht schwarz war.

Die Zuversicht, die der Mann mit dem Aktenkoffer verbreitete, dauerte einige Tage an. Dann wurden die Abendbrotgespräche über den Kamin seltener, und schließlich verloren meine Eltern kein Wort mehr darüber. Als meine Mutter begann, den Ascherost mit großen Bildbänden vollzustellen, war die Sache mit dem Kamin endgültig vom Tisch. Noch am selben Tag verschwand unser mühsam gehacktes Holz im hintersten Winkel des Dachbodens.

Der lange Weg zur Schule hatte durchaus Vorteile. Schließlich konnte niemand erwarten, daß eineinhalb Kilometer ohne Zwischenfälle verliefen. Ich liebte es, auf dem Nachhauseweg zu trödeln. Im Vergleich zu Volker, der direkt gegenüber der Schule wohnte, war ich mächtig im Vorteil. Seine Mutter konnte vom Küchenfenster den Schulgong hören, und wenn er nicht drei Minuten später am Mittagstisch saß, gab es jede Menge Ärger. Im günstigsten Fall mußte er dann den Abwasch machen, lief es schlechter, konnte es sein, daß er den ganzen Nachmittag nicht mehr aus dem Haus durfte. Daß das auch für mich eine Strafe war, schien Volkers Mutter völlig kaltzulassen.

»Morgen wieder«, sagte sie, breit über das Fensterbrett gelehnt, »Volker hat noch zu tun.«

Dazu grinste sie, als hätte sie den allergrößten Spaß daran, Volker in seinem Zimmer schmoren zu lassen. Manchmal stellte ich mir vor, daß sie ihn mit Leinen dort festband, am Heizkörper oder am Schrank, aber Volker sagte, das würde nicht stimmen.

Daß ich Volkers Mutter nicht leiden konnte, lag auch daran, daß sie ständig mit Lockenwicklern im Haar herumlief. Zusammen mit ihren bunten Kittelschürzen sah sie das ganze Jahr über aus, als käme sie direkt vom Fasching. Zudem hatte sie am Kinn ein paar lange Barthaare, die sie nicht abrasierte. Volker behauptete, Frauen dürften sich nicht rasieren, sonst bekämen sie einen richtigen Männerbart. Wenn schon, dann müßte man die

Haare einzeln mit der Pinzette ausrupfen. Aber auch darauf schien sich seine Mutter nicht verlassen zu wollen.

Wenn ich bei Volker zum Mittagessen eingeladen war, gab es fast jedes Mal halbverbrannte Bratwürste, aus denen das Fett schon herausspritzte, bevor man mit der Gabel richtig zugestochen hatte. Die Bananensoße, die dazu in einer Suppenschüssel aufgetischt wurde, sah aus wie frische Affenkotze. Das sagte sogar Volker.

»Na, Jakob«, fragte seine Mutter, »schmeckt's denn auch?« Die Gabel in der Hand deutete sie auf meine Wurst. Die silbernen Zinken drohten wie kleine Speere. »Es schmeckt dir doch, oder?«

Mir fiel nichts besseres ein, als artig zu nicken. Volkers Mutter zögerte nicht und lud mir eine zweite Wurst auf. Dazu klatschte sie mir eine volle Kelle Bananensoße auf den Teller, die alles unter sich begrub. Immer wieder nahm ich mir vor, es mit der Wahrheit zu versuchen, aber kaum hatte Volkers Mutter die entscheidende Frage gestellt, konnte ich wieder nur nicken.

Die Würste waren eine Art Familientradition. Das Rezept für die Soße war angeblich von Volkers Urgroßmutter. Wozu eine solche Tradition gut sein sollte, wußte er allerdings auch nicht. Da Volker mein Freund war, behielt ich meine Meinung über die Würste und seine Mutter für mich. Schließlich konnte er für seine Mutter genausowenig wie für seinen Vater, der angeblich unbekannt verzogen war. Ich kannte diese Formulierung von Briefumschlägen. Für Volkers Vater schien sie mir nicht recht zu passen. Vermutlich war er einfach abgehauen.

Meine Mutter hatte keinen Bart und trug ihre Haare kurz. Lockenwickler benutzte sie nie. Auch wenn sie nur zum Einkaufen ging, zog sie sich ziemlich schick an. Mein Vater behauptete, die Verehrer hätten früher bei ihr Schlange gestanden.

»Wie an der Kinokasse«, strahlte er, »aber nur einer hat sie am Ende eben gekriegt.«

Meine Mutter verzog den Mund zu einem gequälten Grinsen. Aus irgendwelchen Gründen mochte sie die Geschichte nicht.

Von den anderen Müttern sah nur die von Sylvia besser aus. Das fanden auch Volker und ein paar andere Jungs in unserer Klasse. Wir nannten sie unter uns *die Sexbombe*, dabei hatte sie noch nicht einmal einen besonders großen Busen. Aber weil sie so klasse aussah, hatte sie den Namen schon verdient. Sie war jung. Wir schätzten sie auf sieben- oder achtundzwanzig, was nicht recht damit zusammenpaßte, daß Sylvia bereits zwölf war. Eine Zeitlang glaubten wir, einer ganz heißen Geschichte auf der Spur zu sein. Schließlich war es kein Geheimnis, daß es Eltern gab, die in Wirklichkeit gar keine Eltern waren. Von Volker, Lars, Frank und mir in die Enge gedrängt, brachte Sylvia zu ihrer Verteidigung Fotos von zu Hause mit. Eines zeigte eine Frau, die ein Baby in ihren Armen hielt. Die Frau hatte ohne Frage Ähnlichkeit mit Sylvias Mutter. Das Baby allerdings hatte mit gar nichts Ähnlichkeit. Am allerwenigsten mit Sylvia. Es war einfach nur häßlich.

»Das bin ich«, sagte Sylvia, »schaut!«

Sie drehte das Foto um und deutete auf ihren Namen. Wir schüttelten den Kopf. Ein Beweis war das nicht. Wir verlangten eine Geburtsurkunde. Keiner von uns wußte, ob man so etwas zu Hause aufhob, oder ob man dafür aufs Rathaus gehen mußte. Aber wenn Sylvia wirklich etwas daran lag, ihre Familienverhältnisse klarzustellen, würde sie an die Papiere schon herankommen.

Das einzige, was sie nach einigen Tagen aufgetrieben hatte, war der Personalausweis ihrer Mutter. Enttäuscht lasen wir, daß sie bereits sechsunddreißig war. Für eine

Sexbombe war das entschieden zu alt. Frank hielt den Ausweis ins Licht.

»Echt!«, murmelte er fachkundig und gab ihn weiter.

Der Ausweis machte die Runde, bis er schließlich wieder in Sylvias Händen landete. Erwartungsvoll schaute sie uns an.

»Verpiß dich«, sagte Lars, »was zeigst du uns so eine Scheiße.«

Wir anderen nickten. Sylvia drehte sich um und rannte davon. Grinsend klopften wir uns gegenseitig auf die Schultern. Mädchen hatten gegen uns keine Chance.

Mein Vater war Ingenieur für Elektrotechnik. Er leitete eine kleine Abteilung in der Stadtverwaltung. Was das mit Elektro zu tun hatte, war mir nicht so recht klar, aber Vater nahm die Sache ziemlich ernst. Er ging um halb acht aus dem Haus und kam nie vor sechs Uhr zurück. Frank behauptete, alle, die für die Stadt arbeiteten, seien Beamte, aber das konnte schlecht stimmen.

»Oder weißt du etwa von einem«, fragte ich ihn, »der gleichzeitig zwei Berufe hat?«

Davon wußte auch Frank nichts. Trotzdem bestand er weiter darauf, daß das mit dem Elektro-Ingenieur nur eine Tarnung war. Obwohl mir Vaters Beruf ganz in Ordnung zu sein schien, reichte er nicht, um berühmt zu werden. Berühmt waren Fußballer, Fernsehstars, Nachrichtensprecher, Politiker und Pop-Sänger. Von berühmten Elektro-Ingenieuren hörte man nie.

Das einzige Mal, daß unser Name in der Zeitung stand, war, als wir unsere Schrankwand verkaufen wollten. Auch wenn mir das nicht besonders aufregend vorkam, schnitt ich die Anzeige aus und klebte sie in mein geheimes Ringbuch. Wer wußte schon, wann und wo der Name Pauli das nächste Mal abgedruckt würde. Auf derselben Seite klebte bereits eine Luftaufnahme des Fußballstadions aus der letzten Montagszeitung. Da ich mit Frank und seinem Vater zum Spiel im Stadion gewesen war, mußte auch ich mit auf dem Bild sein. Zwar war ich so noch nicht berühmt, aber immerhin war das ein kleiner Anfang. Auf alle Fälle war es mehr als eine Anzeige für eine Wohnzimmerschrankwand.

Dafür, daß ich ziemlich unsportlich war, gab es keine rechte Erklärung. Ich war weder dick, noch hatte man jemals irgendeine schwerwiegende Erkrankung bei mir festgestellt. Zwar hatte ich einen Hang zu Senk- und Spreizfüßen, aber damit, sagte der Kinderarzt, könne ich sogar Mittelstürmer bei Bayern München werden. Gegen meine Schlappheit verordnete er mir jede Menge frische Luft. Das allerdings war ein Volltreffer. Meine Müdigkeitsanfälle häuften sich, vor allem während der Hausaufgaben, und meine Mutter schickte mich regelmäßig nach draußen. Ich empfahl auch Volker meinen Arzt, aber da er zu den absoluten Sportassen in unserer Klasse zählte, wußte er nicht, wie er die Sache anstellen sollte.

Es war an einem verregneten Samstagnachmittag, als ich zum ersten Mal das Wort *Kinderlähmung* hörte. Ein Neffe unserer Nachbarin von gegenüber war ganz plötzlich daran erkrankt. Sie saß in unserer Küche und weinte. Obwohl meine Mutter diesen Neffen gar nicht kannte, weinte sie mit. In der Folge trug ich das Wort wie ein böses Gespenst mit mir herum. Ich wußte nicht wirklich, was es damit auf sich hatte, aber so wie ich beim 50-Meter-Lauf der gesamten Klasse hinterherrannte, schien die Krankheit ziemlich genau auch auf mich zuzutreffen. Vermutlich ließ sie sich nur schwer feststellen und die Ärzte waren bei mir einfach noch nicht draufgekommen. Bei der Schluckimpfung, die kurz darauf in der Schule stattfand, stellte ich mich zweimal an, aber davon wurden meine Zeiten auch nicht besser. Das Wort lahm, das mir Herr Keul, unser Sportlehrer, regelmäßig an den Kopf warf, bekam eine ganz neue Bedeutung für mich. Die anderen lachten. Sie wußten ja nicht, daß ich krank war.

Hoffnung schöpfte ich, als ich in meinem Olympiabuch von Wilma Rudolph, einer Negerin aus Amerika las, die als Mädchen Kinderlähmung gehabt hatte und trotzdem später Olympiasiegerin geworden war. Weil sie so schnell und schön laufen konnte, nannte man sie *die schwarze Gazelle*. In meinem Buch über Steppen- und Savannentiere fand ich zwar kein einziges Bild einer schwarzen Gazelle, aber vielleicht hatte sie den Namen ja wegen ihrer Hautfarbe.

Meinen Laufstil verglichen meine Klassenkameraden mit dem eines Schimpansen. Besonders Hartmut machte mich im Sportunterricht nach. Er ließ die Arme schlenkern und gab seltsame Grunzlaute von sich. Ich hätte ihm am liebsten eine gescheuert, aber das wäre vermutlich nicht besonders gut für mich ausgegangen. Hartmut hatte als einziger in der Klasse Muskeln, die man sogar sah, wenn er sie nicht anspannte. Dafür hatte er keine Ahnung von Bruchrechnen und schrieb Diktate, die Frau Rother, unsere Deutschlehrerin, verzweifeln ließen. Auch sonst war Hartmut nicht besonders helle. Ganz sicher hatte er nicht den Hauch einer Ahnung, wer die schwarze Gazelle war.

Schade nur, daß Wilma Rudolph kein Mann war. Was nutzte es letztlich, einer Frau nachzueifern, die über die hundert Meter elf Sekunden brauchte. Bei den Männern würde man damit noch nicht einmal unter die ersten zehn kommen. Und richtig berühmt wurden sowieso nur die ersten drei. Ich durchsuchte mein Olympiabuch nach Männern, die früher auch Kinderlähmung gehabt hatten, fand aber keinen einzigen. Ein Weitspringer aus Rußland hatte wenigstens einen Autounfall gehabt, bei dem er sich beide Beine brach, aber der war auch vor seinem Unfall schon ziemlich sportlich gewesen.

Nicht ganz so sportlich mußte man sein, wenn man Bogenschütze oder Dressurreiter war. Das machten sogar Sportler, die schon alt waren. Aber vermutlich wurde man dabei noch nicht einmal berühmt, wenn man eine Goldmedaille um den Hals hängen hatte. Ich kannte keinen einzigen, der sich für so etwas interessierte. Beides war eigentlich gar kein richtiger Sport. Genausogut hätte man bei der Olympiade Dame oder Federball spielen können. Trotzdem schaute ich im Telefonbuch nach Bogenschießvereinen. Es war nie verkehrt, auch für den Notfall gerüstet zu sein.

Eine besondere Tortur für mich waren die Bundesjugendspiele, die alljährlich von unserer Schule auf dem Sportplatz des Fußballvereins veranstaltet wurden. Mehr als einmal bettelte ich zu Hause um eine Entschuldigung, aber mein Vater war felsenfest davon überzeugt, daß solche Wettkämpfe für meine Entwicklung unverzichtbar seien. Für jede der drei Disziplinen gab es unbestechliche Punktetabellen. Anhand seiner Bestleistungen konnte man sich so schon vorher ausrechnen, auf wieviele Punkte man am Ende kommen konnte. Für hundertachtzig gab es eine Ehrenurkunde, für hundertzwanzig wenigstens noch eine Siegerurkunde, und wer noch nicht einmal das schaffte, für den gab es nur den Spott der Klassenkameraden. Zählte ich meine möglichen Punkte im 50-Meter-Lauf, Weitsprung und Schlagballwerfen zusammen, waren für mich auch in Topform kaum mehr als hundert Punkte drin.

Beim Weitsprung, meiner ersten Disziplin, verfehlte ich gleich zweimal den Balken und mußte beim dritten

Mal auf Sicherheit springen. Da ich zudem in der Grube nach hinten umkippte, maßen die Weitenmesser gerade einmal zwei Meter dreiundvierzig. Ich versuchte sie davon zu überzeugen, daß sie doch wenigstens meine Fußabdrücke und nicht meinen Po messen sollten, aber sie blieben hart. Meine geheime Hoffnung, mit drei persönlichen Rekorden vielleicht doch in den Bereich einer Siegerurkunde zu kommen, zerplatzte wie eine Seifenblase. Da half es auch nicht mehr, daß ich beim anschließenden 50-Meter-Lauf die ganze Zeit an Wilma Rudolph dachte. Zwar kam ich bis auf zwei Zehntel an meine Bestzeit von 8,9 heran, aber das reichte gerade einmal für 35 Punkte. Sogar die meisten Mädchen waren schneller als ich. Zusammen mit meinem Ergebnis vom Weitsprung lag ich vor dem Schlagballwurf bei kläglichen 61 Punkten.

Kurz vor meinem letzten Auftritt hatte ich die rettende Idee. Den Schlagball bereits in der Hand, machte ich wild rudernde Aufwärmbewegungen und stieß schließlich einen ohrenbetäubenden Schrei aus, den selbst Herr Keul vernahm, der am anderen Ende des Sportplatzes an der Weitsprunggrube stand. Mit schmerzverzerrtem Gesicht griff ich mir an die rechte Schulter. Sofort wurde ich auf die Wiese gelegt und unter der fachkundigen Leitung von Frau Urban, unserer Biologielehrerin, untersucht. Ihre erste Diagnose lautete auf Muskelfaserriß. Damit, da war man sich einig, war nicht zu scherzen. Auch Herr Keul, der mittlerweile neben mir kniete, machte ein besorgtes Gesicht. Ich deutete vorsichtig kreisende Bewegungen an und behauptete, für wenigstens einen Wurf werde es schon noch gehen, aber die um mich versammelten Lehrer bestanden einstimmig darauf, daß der Wettkampf für mich beendet sei. Mit gesenktem Haupt trottete ich vom Sportplatz. Zu Hause erzählte ich, daß ich die 120-Punkte-Hürde zur Siegerurkunde nur um ganze zwei Punkte verfehlt hätte. Mein Vater klopfte mir auf die Schulter und machte mir Mut, daß ich es irgendwann schon schaffen würde. Er sagte, daß er früher im Sport auch keine Leuchte gewesen sei, aber das wußte ich schon.

Am nächsten Morgen schmuggelte ich einen Seidenschal meiner Mutter aus dem Haus und knüpfte mir ein Dreieckstuch. Meinen Arm darin eingehängt, studierte ich in der ersten Pause die Ergebnislisten, die neben dem Lehrerzimmer am Schwarzen Brett aushingen. Ich erstarrte. Mit 61 Punkten lag ich um Lichtjahre abgeschlagen auf dem letzten Platz meiner Klassenstufe. Ich war mir sicher, daß es gegen alle geltenden Schul- und Sportgesetze verstieß, einen verletzten Sportler derartig zu demütigen. Vergeblich suchte ich nach einem *Ohne Schlagballwurf* oder *Nach zwei Disziplinen verletzt ausgeschieden*, das am Rand oder als kleine Fußnote die Dinge ins rechte Licht gerückt hätte. Und wer konnte schon wissen, ob ich nicht auch den 50-Meter-Lauf und den Weitsprung nur unter Schmerzen durchgehalten hatte. Ich sah mich bereits zum Gespött der ganzen Schule werden. 61 Punkte bei den Bundesjugendspielen war an Peinlichkeit kaum noch zu überbieten. Es war noch peinlicher, als vom Schuldirektor beim Schlüssellochgucken im Mädchenklo erwischt zu werden. Sogar Benny Semerak, der sich mit seinem Schwabbelbauch fast nie wie ein normaler Mensch bewegte, hatte es auf 72 Punkte gebracht. Zwar war er im Gegensatz zu mir bei allen drei Disziplinen angetreten, aber vermutlich würde danach kaum jemand fragen. In meiner Verzweiflung paßte ich Herrn Keul in der ersten Hofpause vor dem Lehrerzimmer ab und flehte ihn an, meinen Namen auf der Liste zu streichen. Natürlich wußte ich, wie er zu den

Schlechtesten seiner Klasse stand. Wer die 50 Meter nicht unter acht Sekunden lief, konnte in der Regel kaum auf seine Gnade hoffen. Umso mehr war ich überrascht, daß er ohne jedes Zögern einen schwarzen Filzstift aus seiner Brusttasche hervorzauberte und einen dicken Balken über meinen Namen malte.

»Die Vier«, sagte er streng, »streiche ich dir deshalb aber nicht, Freundchen.«

Ich nickte. Mit einer Vier, solange sie nicht am Schwarzen Brett hing, konnte ich leben. Erleichtert ging ich zurück auf den Pausenhof.

Mein Platz auf der Liste war von meinen Klassenkameraden genausowenig unentdeckt geblieben wie mein Bittgang zu Herrn Keul. Sogar die Mädchen stimmten in den von Hartmut angezettelten Spott ein. Neben Volker war er der einzige aus unserer Klasse, der eine Ehrenurkunde eingeheimst hatte. Die Mädchen umlagerten ihn wie einen Olympiasieger. Ihre Blicke waren voller Bewunderung. Die Blicke der Mädchen, die mir galten, waren bestenfalls mitleidig. Auch Volker, der sogar noch zwölf Punkte mehr als Hartmut erreicht hatte, ging leer aus. Ganz offensichtlich gab es neben Urkunden noch andere Dinge, die zählten. Ich machte mir keine allzugroßen Hoffnungen, daß ich dabei besser abschnitt.

Big Titty

Es gab Jungs in unserer Klasse, die behaupteten, sie hätten schon einmal ein Mädchen geküßt. Keiner rückte mit irgendwelchen Namen heraus, aber Volker und ich tippten auf Sylvia und Pia, Lars' Zwillingsschwester. Lars sagte, das sei absoluter Blödsinn, er wisse genau, was seine Schwester tue und was nicht, aber das überzeugte uns nicht. Immerhin wußte Lars auch nicht, daß Pia Liebesbriefe an Frank schrieb. Frank wiederum, der Pia eine blöde Gans nannte, bestand darauf, daß er keinen dieser Briefe jemals beantwortet hätte. Auch daran konnte man durchaus seine Zweifel haben.

Was das Küssen anging, war es Hartmut, der am lautesten herumtönte. Er behauptete, er habe sogar schon einmal ein Mädchen aus der Mittelstufe geküßt, aber das war nun wirklich lächerlich. Die Mädchen aus der Mittelstufe küßten nur Jungs aus der Oberstufe, und so unwiderstehlich war Hartmut nun auch wieder nicht.

Meine Kußerfahrungen beschränkten sich auf meine Eltern, meine Patentante Hanna und meine Großeltern. In besonderen Ausnahmefällen wie Geburtstag oder Silvester tauschte ich auch flüchtige Küsse mit Anka. Seit sie allerdings ihren ersten Freund gehabt hatte, war es damit vorbei. Sie sagte, es sei kindisch, seinen eigenen Bruder zu küssen, und damit hatte sie wahrscheinlich sogar recht. Auch sonst waren meine Küsse selten geworden. Die Gutenacht- und Abschiedsküsse meiner Mutter waren die einzigen, die noch übriggeblieben waren, und auch dafür schien mir die Zeit langsam aber sicher abgelaufen zu sein. Sie freilich schien das ganz anders zu sehen. Nur mühsam konnte ich ihre Versuche abwehren, mich auch noch auf offener Straße abzuküssen. So entrüstet, wie sie tat, wußte sie wahrscheinlich wirklich nicht, was es bedeutete, dabei von seinen Klassenkameraden gesehen zu werden. Einzig Benny schien sich daraus nichts zu machen. Wenn seine Mutter ihn morgens mit ihrem klapprigen R4 zur Schule brachte, küßte er sie jedesmal vor dem Pausenhof zum Abschied direkt auf den Mund. Benny war eben nicht nur fett, er war auch sonst komisch. Es fehlte nur noch, daß er sich von seiner Mutter händchenhaltend bis ins Klassenzimmer bringen ließ. Seit wir Englisch hatten, nannten wir ihn den *Mama-Boy*. Auch ich hatte einen englischen Spitznamen. Nach meinem Vornamen nannten mich alle *Jacky*, und damit war ich ziemlich zufrieden. Hartmut hieß *Tiger.* Keiner wußte, wer ihn so getauft hatte. Ich tippte darauf, daß er sich den Namen selbst ausgesucht hatte, um vor den Mädchen noch toller dazustehen, aber da ich nichts beweisen konnte, behielt ich meinen Verdacht lieber für mich.

Auch für ein paar der Mädchen hatten wir uns Namen ausgedacht. Das war gar nicht so leicht, weil wir uns manche der Wörter, die wir dafür brauchten, aus dem Wörterbuch zusammensuchen mußten. Sylvia hieß *Snake*, weil sie so dünn wie eine Schlange war. Andere hießen *Sweety*, *Donkey* oder *Fire-Head*. Ellen, das mit Abstand häßlichste Mädchen in der Klasse, nannten wir *Miss Ugly*. Der beste Name aber, den Volker, Frank, Lars und ich je erfunden hatten, war der für Pia. Wir nannten sie *Big Titty*. Als einzige der Klasse hatte sie schon so große Brüste, daß sie einen BH tragen mußte. Beim Rennen schwabbelten ihr die Dinger dermaßen hin und her, daß wir uns vor Lachen kaum halten konnten. Manchmal, wenn ihr die Brüste um die Ohren zu fliegen drohten, mußte Pia sie sogar mit dem Arm festhalten. Wir versuchten uns vorzustellen, wie *Big Titty* wohl nackt aussehen würde, aber das sprengte unsere Phantasie. Ein Witz machte die Runde, daß sie ohne BH sehr wahrscheinlich die Hose nicht mehr zukriegen würde, aber außer uns Jungs fand das keiner besonders lustig. Für einen viel harmloseren Witz brummte uns Frau Urban eine Stunde Arrest auf, die wir im Handarbeitsunterricht der Mädchen absitzen mußten. Ich saß dabei ausgerechnet neben Pia und traute mich kaum aufzuschauen. Ab und zu schielte ich zu ihren Brüsten, die mir aus der Nähe noch riesiger vorkamen als sonst. Pia hingegen schien sich über die unverhoffte Abwechslung zu freuen. Immer wieder stieß sie mich unter dem Tisch mit dem Knie an und zwinkerte mir zu. Am liebsten hätte ich mich auf der Stelle in den hintersten Winkel des Zimmers verkrochen, aber ich konnte mir schon ausmalen, daß das bei Frau Tretschok, der Handarbeitslehrerin, nicht besonders gut ankommen würde. Frank, der Glückspilz, saß weiter vorn alleine in der Bank. Er drehte sich um und grinste mir zu.

»Kommst du auch zu Sylvias Geburtstag?«

Es war Pias Flüsterstimme. Vorsichtig drehte ich mich zur Seite. Den Ellenbogen auf den Tisch gestützt, schaute Pia mich an. Ich nickte. In der Tat hatte ich Sylvia bereits zugesagt. Auch Volker und Frank waren eingeladen. Zu dritt, so glaubten wir, würden wir einem Angriff der Mädchen schon standhalten. Hartmut, das wußten wir aus zuverlässiger Quelle, würde nicht kommen. Zwar war auch er eingeladen, aber sein Vater hatte ihn für das gesamte Wochenende zur Heuarbeit abkommandiert. Das hatte er also davon, daß er so viele Muskeln hatte.

»Wir machen Spiele«, flüsterte Pia weiter, »ganz neue.«

Zögernd nickte ich ein zweites Mal. Im Grunde hatte ich überhaupt nichts gegen Spiele. Aus Pias Mund allerdings bekam das Wort einen neuen Klang. Ich weihte Frank nach der Arreststunde ein, und auch er meinte, daß wir aufpassen müßten. Er war bei einer Fete seines älteren Bruders dabeigewesen, und da hatten manche Spiele in wilden Knutschereien geendet.

»Richtig geschmatzt hat's da«, sagte er, »so ungefähr.«

Mit Zunge und Lippen versuchte er die Geräusche nachzumachen. Es klang furchtbar. Frank behauptete, wenn seine Mutter nicht dazwischengegangen wäre, hätten sie bestimmt auch noch angefangen, aneinander rumzufummeln.

»So und so und so.«

Wie ein Automechaniker schraubte er mit seinen Händen an meinem Hemd herum. Irgendwie schien das Spiel mit der Flasche alle vollkommen irre gemacht zu haben. Bei dem Gedanken, daß womöglich auch Sylvia und Pia schon bald an meinem Hemd herumfingerten, lief es mir heiß und kalt den Rücken runter. Zusammen mit Volker kamen Frank und ich überein, daß wir uns auf nichts einlassen würden. Zu dritt stellten wir immerhin die Hälfte der Jungs, die zu Sylvias Feier kommen sollten, und da aus unerfindlichen Gründen auch Benny, der vermutlich nie in seinem ganzen Leben irgendwas mit Mädchen zu tun haben würde, eingeladen war, bildeten wir zusammen doch immerhin so etwas wie eine Mehrheit.

Es war nicht üblich, daß es gemischte Geburtstagsfeten gab. Nur bei Lars und Pia hatte es so etwas ein paar Mal gegeben. Im letzten Jahr sogar mit Übernachten. Nach dem, was wir in der Früh zu hören bekamen, sollte es damit allerdings für alle Zeiten vorbei sein. Wir waren nachts ein paar Mal zu den Mädchen hinübergeschlichen, und Lars' und Pias Eltern behaupteten, sie hätten deshalb die ganze Nacht kein Auge zugetan. Zweimal hatten sie uns im Flur abgefangen und zurück in die Schlafsäcke gescheucht. Dabei hatten wir nur ein paar Briefchen verschicken wollen. Alles war ganz harmlos gewesen.

Obwohl von Übernachten keine Rede war, lagen die Dinge mit Sylvias Geburtstag da schon anders. Pia hatte die Knutschereien sozusagen schon angekündigt, und trotz aller Schwüre war ich mir nicht sicher, ob ich am Ende heil aus der ganzen Sache herauskommen würde.

Ein erstes Problem war das Geschenk. Während meine Freunde vor ihren Geburtstagen regelmäßig durchblicken ließen, was im Moment gut bei ihnen ankäme, hatte ich bei Sylvia keinen blassen Schimmer. Frank meinte, wir könnten ihr zusammen einen Bikini oder eine schicke Unterhose schenken, aber das war nur ein Witz. Ich fragte meine Mutter, aber der fiel auch nichts Vernünftiges ein. Ohrringe, ein Poesiealbum oder gar ein Halstuch waren nun wirklich keine Sachen, mit denen ich mich vor versammelter Mannschaft blamieren wollte. Schließlich einigten wir uns auf ein Pferdebuch. Zwar glaubte ich nicht wie meine Mutter, damit einen Volltreffer landen zu können, aber so gut mußte es ja auch gar nicht sein.

Als ich am Samstagnachmittag zu Sylvia aufbrechen wollte, lag auf dem verpackten Buch im Wohnzimmer plötzlich ein Sträußchen winziger Rosen.

»Das wird sie freuen«, sagte meine Mutter, »Mädchen mögen so was.«

Ich wollte etwas erwidern, verhedderte mich aber in unverständlichem Gestammel. Entweder meine Mutter wußte nicht, was es bedeutete, einem Mädchen einen Blumenstrauß zu schenken, oder sie wollte mich mit Sylvia verkuppeln. Immerhin waren sie und Sylvias Mutter befreundet. Vielleicht hatten sie zusammen etwas ausgeheckt. Ich hatte von arabischen Bräuchen gehört, nach denen Kinder schon mit zehn oder zwölf Jahren von ihren Eltern verheiratet wurden. Obwohl ich nicht wirklich glaubte, daß es so was auch bei uns gab, war ich beunruhigt. Ich weigerte mich, die Blumen mitzunehmen, drohte sogar, den ganzen Geburtstag platzen zu lassen, aber meine Mutter ließ sich nicht beeindrucken. Sie drückte mir das Buch und die Blumen in die Hand und schob mich aus der Tür. Wenigstens ihr Abschiedskuß blieb mir dieses Mal erspart.

»Viel Spaß!« rief sie mir hinterher und winkte.

Ich winkte nicht zurück. Im Gegensatz zu meiner Mutter war ich mir nicht so sicher, daß der Nachmittag besonders spaßig werden würde.

Auf dem Weg zu Sylvia holte ich Frank zu Hause ab. Er hatte sich Glibberzeug ins Haar geschmiert und sah auch sonst ziemlich geschniegelt aus. Ich dagegen sah aus wie immer. Jedenfalls hatte ich mir um meine Klamotten und meine Haare nicht eine Sekunde Gedanken gemacht.

»Hast du was Besonderes vor?« fragte ich Frank, aber er zuckte nur mit den Schultern.

»Und du?«

Er deutete auf mein Rosensträußchen.

»Meine Mutter«, erwiderte ich, »sie behauptet, Mädchen mögen so was.«

Frank nickte. Vermutlich war das mit dem Glibberzeug auch nicht auf seinem Mist gewachsen. Ich nickte zurück. In manchen Dingen verstanden wir uns auch ohne viele Worte.

Den ganzen Weg zu Sylvia regnete es. Das Pferdebuch klemmte ich mir unter die Jacke, die Rosen aber ließ ich achtlos im Regen hängen. Von mir aus konnten sie ruhig ein bißchen leiden. Sylvia wohnte in der kleinen Reihenhaussiedlung hinter dem Rathaus. Angeblich konnte sie von ihrem Zimmer aus dem Bürgermeister beim Nase bohren und Däumchen drehen zusehen. Aber das sagte sie nur, weil ihr Vater bei der nächsten Wahl selbst gerne Bürgermeister werden wollte. Frank klingelte. Sekunden später öffnete Sylvia die Tür. Sie hatte sich zurechtgemacht, als ob sie ausgehen wollte. Auf einen großen Ball oder wenigstens ins Theater. Sie hatte sich die Augen geschminkt und trug silberne Glitzersterne im Haar. Ihre weiße Bluse war fast durchsichtig und gab den Blick frei auf ein noch weißeres Unterhemd. Ich glotzte auf ihre winzigen Brüste, die sich darunter abzeichneten.

»Oh, Blumen!« flötete sie und riß mir die Rosen aus der Hand.

Mit den vielen Tropfen auf den Blättern sahen sie noch frischer aus als vor dem Regen. Das Buch, das ich eilig hinterherschob, landete mit einem knappen *Ach ja* bei den anderen Geschenken auf einer kleinen Anrichte. Meine Rosen aber nahm Sylvia mit hinunter in den Party-Keller.

»Schaut nur«, rief sie in die Runde, »was Jakob mir mitgebracht hat.«

Sie streckte die Blumen in die Luft wie einen Pokal. Die anderen brachen in Gejohle aus. Ich wollte auf der Stelle im Erdboden versinken, aber die Steinplatten des Fußbodens gaben keinen Millimeter nach. Hinter mir stand plötzlich Sylvias Mutter und versperrte den einzigen Fluchtweg.

»Oh«, rief sie, »wer hat dir denn die Blumen mitgebracht. Und auch noch so hübsche Moosröschen.«

Sylvia strahlte. Die Rosen in der Hand, deutete sie auf mich.

»Er, Jakob!«

Wulstig schob Sylvias Mutter ihre Unterlippe nach vorne und nickte anerkennend. Sie sah überhaupt nicht mehr klasse aus.

»Na«, sagte sie, »da habt ihr ja schon einen richtigen Gentleman unter euch.«

Ich zuckte mit den Schultern. Die anderen lachten. Ein Gentleman! Es gab nichts, was ich weniger sein wollte. Zum Glück wanderten die Rosen mit Sylvias Mutter kurz darauf wieder nach oben, und außer einem kurzen Seitenhieb von Tilmann, dem jüngsten und frechsten in unserer Klasse, blieben mir weitere Peinlichkeiten erspart.

Am Tisch saßen die Mädchen und die Jungs voneinander getrennt. Volker und Lars bildeten mit Pia und Ulrike die Grenzlinien. Wir waren zu zwölft, genau so, wie wir uns das ausgerechnet hatten.

»Für jeden eine!« hatte Tilmann noch am Morgen in der Schule gescherzt, aber weder Frank, Volker noch ich hatten darüber lachen können.

Wir häuften uns gerade Berge von Kartoffelsalat auf unsere Teller, als wir es von oben ein weiteres Mal klingeln hörten. Wenig später bollerten schwere Schritte die Kellertreppe hinunter. Ich hatte eine ungute Ahnung. Keine Sekunde später stand Hartmut in der Tür.

»Hey, Leute! Heumachen ist abgesagt.«

Lässig winkte er in den Raum. Die Mädchen am Tisch brachen in Strahlen aus. Sylvia riß jubelnd die Arme in die Höhe. Sie sprang auf und schien kurz davor, ihm um den Hals zu fallen. Hartmut grinste zufrieden. Auch er hatte Glibberzeug in den Haaren. Dazu hatte er sie sich ganz glatt nach hinten gekämmt. Die Bürste steckte in seiner Hosentasche. Sein Hemd war mindestens einen Knopf zu weit aufgeknöpft, so daß man ein Silberkettchen mit einem albernen Anhänger sehen konnte. Hätte er sich noch ein paar Haare auf die Brust gemalt, er hätte glatt in einem Ganovenfilm mitspielen können. Am meisten aber ärgerte mich an seinem Auftritt, daß auch er einen Strauß Blumen mitgebracht hatte. Unübersehbar war er größer und schöner als mein mickriger Strauß mit den Moosröschen. Außerdem überreichte er ihn mit einer Selbstverständlichkeit, die mich ein zweites Mal blaß aussehen ließ. Sylvia rannte nach oben und holte eine Vase. Wenig später standen Hartmuts Blumen bereits zwischen Kartoffelsalat und Frikadellen auf dem Geburtstagstisch. Mein Strauß, so schien es, war vergessen.

Der einzige noch freie Platz war an der Stirnseite des Tisches, direkt neben mir. Hartmut aber zwängte sich zwischen Volker und Pia, so daß alle ein Stück weiterrutschen mußten. Als ich nur noch mit einer Pobacke auf der Bank saß, blieb mir nichts anderes übrig, als mit meinem Teller ums Eck umzuziehen. Mir gegenüber, am anderen Ende der Tafel, saß Sylvia. In ihrer weißen Bluse sah sie ein bißchen aus wie eine Prinzessin. Ganz unübersehbar fühlte sie sich auch so. Nach jedem Bissen legte sie ihr Besteck beiseite und betupfte sich mit der Serviette ihren Mund. Dann trank sie einen winzigen Schluck Mirinda und griff, nachdem sie sich ihren Mund ein zweites Mal abgetupft hatte, lautlos wieder nach ihrem Besteck. Mich konnte sie damit nicht täuschen. Ich erinnerte mich nur zu gut an Lars' und Pias letzten Geburtstag, an dem Sylvia lauter als alle anderen, mit den Ellenbogen auf die Tischplatte gelehnt, an ihren Hähnchenkeulen herumgeschmatzt und mit den abgenagten Knochen eine Pyramide gebaut hatte.

Nach dem Essen setzten wir uns auf den Boden. Sylvia, die als einzige auf einem Kissen Platz nahm, befahl uns, einen Kreis zu bilden. Ich dachte an *Mäxle* oder *Stil-*

le Post, aber auf einmal tauchte eine leere Mirindaflasche in der Mitte des Kreises auf.

»Geil, Flaschendrehen«, rief Hartmut, »kenn ich!«

Frank nickte mir zu. Er sah besorgt aus. Wahrscheinlich hatte es bei seinem Bruder genau so angefangen.

Die Regeln, die Sylvia kurz darauf mit noch immer prinzessinnenhaftem Getue von ihrem Kissenthron herunter erklärte, ließen mich noch einmal hoffen. Von Knutschen und Rumfummeln war vorerst jedenfalls nicht die Rede. Mit der drehenden Mirindaflasche als Glückszeiger sollte ein Kandidat bestimmt werden, der eine Aufgabe erfüllen mußte. Wenn sich der Kandidat weigerte, mußte er würfeln und bekam entsprechend seiner Augenzahl eine von sechs Strafen aufgebrummt, die auf einer mit Schreibmaschine getippten Liste standen. Die Strafen reichten von *1. Regenwurm essen* bis *6. Hose runterlassen,* und darauf war vermutlich keiner besonders scharf.

»Hey, Leute, das ist ja gar kein richtiges Flaschendrehen«, maulte Hartmut, »Flaschendrehen ist mit küssen und so.«

Sylvia strafte ihn mit einem giftigen Blick. Von einem Moment auf den nächsten hatte sie jede Ähnlichkeit mit einer Prinzessin verloren.

»Hat ja auch niemand gesagt«, zischte sie, »daß das Flaschendrehen heißt, oder?«

Hartmut wurde kleiner. Es gefiel mir, wie er unter Sylvias Blicken schrumpfte.

Die Richtung hingegen, in die sich die ganze Sache schon bald entwickelte, gefiel mir gar nicht. Hartmut hatte schnell wieder seine alte Größe erreicht und drohte weiter zu wachsen. Hatten die Aufgaben zunächst noch aus Handstandversuchen und Vorsingen bestanden, war man inzwischen bei ersten Küssen angelangt. Zuerst noch auf die Hand, wurden bald schon Backe und Mund gefordert. Neben Hartmut schien ausgerechnet Benny die Verschärfung des Spiels zu genießen. Die Flasche hatte es irgendwie auf ihn abgesehen, und so hatte er unter dem Geklatsche der anderen nacheinander Pia, Ulrike und Kerstin geküßt. Nach jedem Kuß strahlte er wie nach einer Mathe-Eins, und man konnte nicht bestreiten, daß das, was er tat, einigermaßen geübt aussah. Der Teil des Kreises, in dem ich saß, wurde von der Mirindaflasche verschont. Mal ums Mal kurvte der Glückszeiger an mir vorbei. Ich vermutete, daß die erdmagnetischen Felder, von denen mir mein Vater erzählt hatte, damit zu tun hatten. Vielleicht saß ich in einer geschützten Zone oder einem magnetischen Loch. Ich hoffte bereits, so der Küsserei zu entgehen, als der Zeiger urplötzlich auf mich zeigte. Steif vor Schreck starrte ich in den Hals der Mirindaflasche.

»Pia«, sagte Sylvia, die die Flasche gedreht hatte, »mit umarmen.«

Ich zuckte zusammen. Während Pia bereits auf ihren Knien zur Mitte rutschte, hoffte ich noch immer, mich verhört zu haben. Ungläubig schaute ich zu Sylvia.

»Du hast schon richtig gehört, mit umarmen. Wer dreht, bestimmt!«

Ich schluckte. Umarmen war eigentlich ziemlich harmlos, aber im Fall von Pia galten eindeutig andere Gesetze. Ich glaubte fest an eine späte Rache Sylvias für die Sache mit der Geburtsurkunde.

»Mach schon, Meisterküsser«, höhnte Hartmut, »oder willst du lieber die Hosen runterlassen.«

Alle grölten. Sogar Volker und Frank machten mit, und das nahm ich ihnen wirklich übel. Es blieb mir nichts anderes übrig, als auf Pia zuzurutschen. Auch sie grinste mich an, als ginge es um Rache. Wie Raketen zielten ihre

Brüste auf meinen Körper. Mir kam es vor, als seien sie seit meiner Arreststunde weiter gewachsen. Ich betete zu Gott, zur Jungfrau Maria, zu Jesus, zu Petrus, zu Johannes, zu den Heiligen Drei Königen, aber keiner erhörte mich. Vorsichtig streckte ich meine Hände aus und berührte Pia an den Oberarmen.

»Näher, näher!« riefen die anderen.

Als ich weiter zögerte, ging Pia in die Offensive. Sie bohrte mir ihre Raketen genau in die Brust. Es gab eine kleine Explosion, und bevor ich mich von dem ersten Angriff erholen konnte, hatte sie bereits ihre Arme um meinen Rücken gewirbelt und hielt mich im festen Griff gefangen. Immer weiter walzten sich ihre Brüste auf meinem Sweatshirt aus. Noch ehe ich über meine weitere Verteidigung nachdenken konnte, klebten Pias Lippen auf meinem Mund und machten widerlich schmatzende Geräusche. Es klang genauso, wie Frank es mir vorgemacht hatte. Ihre Lippen waren weich und feucht. Sie schmeckten nach Kartoffelsalat.

Es gab keine Zeitvorgaben, was die Länge der Küsse anging, aber Pia hatte ganz offensichtlich vor, sämtliche Weltrekorde zu brechen. Der Kuß dauerte mindestens zwanzig Sekunden. Als sie mit einem letzten Schmatzen von mir abließ, war sie völlig außer Atem. Sie schien die ganze Zeit über die Luft angehalten zu haben. Ich dagegen hatte ihr meinen Atem einfach weiter ins Gesicht geblasen. Ein Anfängerfehler, wie ich vermutete. Pia würde keine Sekunde zögern, Sylvia und den anderen davon zu erzählen. Genauso wie von meinen aufgerissenen Lippen. Für Pia mußten sie sich wie Schmirgelpapier angefühlt haben. Seit Wochen lag mir meine Mutter in den Ohren, ich solle doch endlich einmal den Fettstift im Bad benutzen. Aber das war mir immer zu weibisch gewesen. Außerdem schmeckte das Zeug wie parfümierte

Schmierseife. Trotzdem nahm ich mir vor, gleich morgen damit anzufangen.

Die anderen schienen keine besonderen Fehler bemerkt zu haben. Sie klatschten. Sogar Hartmut bedachte mich mit einem anerkennenden Nicken. Auf zwanzig Sekunden hatte es noch nicht einmal er gebracht, er, der angebliche Kußheld der Schule. Auf dem Nachhauseweg war ich umringt von meinen Klassenkameraden. Jeder wollte wissen, wie mein Dauerkuß mit Pia gewesen war. Ich gab mich als stiller Genießer, ließ schließlich aber durchblicken, daß ihre Brüste eine absolute Sensation seien.

»Prall wie Luftballons«, schwärmte ich, »und weich wie Sofakissen.«

Gierig hingen die anderen an meinen Lippen und wollten Einzelheiten wissen. Hartmut fragte sogar, ob ich einen Steifen gekriegt hätte.

»Na klar«, log ich, »was denkst du denn!«

Ich machte mächtig Eindruck.

Sofort wurde überlegt, wann die nächste Party stattfinden sollte. Um meinem Ansehen als Rekordhalter im Dauerküssen keine Kratzer zuzufügen, mischte auch ich nach Kräften mit. Ohne Mädchen und vor allem ohne Pia, darüber waren wir uns einig, konnten die Feten in Zukunft nicht mehr stattfinden. Franks Geburtstag war der nächste, aber der war erst in zwei Monaten. Benny und Hartmut boten sich an, noch am selben Abend bei ihren Eltern um Erlaubnis für eine Extra-Party zu fragen. Natürlich in genau derselben Besetzung, das war Ehrensache. Schließlich konnten wir in unserer Runde keine Greenhorns gebrauchen.

»Oder was meinst du dazu?« fragte Hartmut und knuffte mich gegen die Schulter.

Ich nickte. Als Kußrekordhalter war meine Meinung gefragter denn je. Auch wenn die Aussicht auf neuerliche Küsse nicht gerade Freudentaumel in mir auslöste, konnte ich den nächsten Partys doch einigermaßen gelassen entgegensehen. Immerhin hatte ich jetzt Erfahrung. Anfängerfehler wie Atmen und rissige Lippen würden mir jedenfalls nicht noch einmal passieren.

Trotzdem war ich beunruhigt. Immer wieder mußte ich an Hartmuts Frage denken. Auch am Abend, als im Bett noch einmal Pias Brüste in voller Pracht an meinen Augen vorbeizogen, tat sich in meiner Hose nicht viel. Vielleicht hatte auch das mit meiner Kinderlähmung zu tun. Ich versuchte an Wilma Rudolph zu denken, aber das war nach einem solchen Nachmittag gar nicht so einfach. Als der Kopf meiner Mutter im Türspalt auftauchte, stellte ich mich schlafend. Wahrscheinlich wollte sie noch ein paar Einzelheiten über Sylvias Geburtstag aus mir herausquetschen. Aber darauf hatte ich ganz bestimmt keine Lust.

»Er schläft schon«, flüsterte sie, »scheint ein anstrengender Nachmittag gewesen zu sein.«

»Frauen«, hörte ich meinen Vater im Hintergrund murren, »sind immer anstrengend, das ist ja bekannt.«

Der Spalt meiner Tür schloß sich, und ich lag im Dunkeln. Ich nickte in mein Kopfkissen. Mehr gab es dazu nicht zu sagen.

Messungen

Seit der Geburtstagsparty bei Sylvia interessierte ich mich auch für Ankas Brüste. Wann immer ich konnte, beobachtete ich sie durchs Schlüsselloch der Badezimmertür. Meistens allerdings hatte Anka ein Handtuch über die Klinke gehängt. Sie schien einen Verdacht zu haben. Ich pustete durchs Schlüsselloch, aber damit machte ich sie erst recht auf mich aufmerksam. Ich hörte die Schritte ihrer nackten Füße auf den Fliesen des Badezimmerbodens. Noch bevor ich reagieren konnte, hatte ich bereits die Klinke auf dem Kopf. Sekunden später lag ich, von der auffliegenden Tür hinweggefegt, in der Ecke. Obwohl meine Nase blutete, verpaßte mir Anka noch zusätzlich eine Ohrfeige.

»Halt ja den Mund«, zischte sie mich an, »sonst sag ich alles Mami und Papi!«

Ich nickte und schwieg.

Es dauerte lange, bis ich mich von diesem Zwischenfall erholte. Als ich nach zwei Monaten einen neuen Versuch startete, hatte ich auf Anhieb mehr Glück. Anka stand, nur mit einer Unterhose bekleidet, vor dem Spiegel und cremte sich ihr Gesicht und ihren Busen ein. Ihre Brüste waren nicht größer als Mandarinen. Anka war immerhin schon beinahe fünfzehn. Vermutlich standen die Chancen nicht allzugut, daß ihr Busen noch weiter wuchs. Vielleicht konnte man mit Salben oder Tabletten noch ein bißchen nachhelfen, aber viel war damit sicher auch nicht mehr drin.

Im Bücherregal in ihrem Zimmer fand ich ein Buch mit dem Titel *Mein Körper*. Vorsichtig, um ja keine

Unordnung zu machen, zog ich es heraus und schlug es an der Stelle des Einmerkers auf. Es überraschte mich nicht, daß ich das Kapitel *Du und deine Brust* vor mir hatte. Auch Anka sorgte sich also um ihren Busen. Leider mangelte es dem Kapitel an Bildern. Der Text langweilte mich. Ich las nur soviel, daß auch Mädchen mit kleinen Brüsten ein glückliches Leben führen konnten, und daß ein kleiner Busen in mancherlei Hinsicht sogar von Vorteil war. Ich bezweifelte, daß Anka sich davon beruhigen ließ.

Beim Weiterblättern stieß ich urplötzlich auf die Zeichnung eines Pimmels. Das zugehörige Kapitel hieß nicht *Du und Dein Pimmel* sondern *Der männliche Körper und seine Besonderheiten.* Der Pimmel war durchsichtig gezeichnet, so daß man sehen konnte, aus was für Teilen er bestand. Das war auch für mich neu. Im darunterstehenden Text wurde ausführlich auf Aussehen, Form und Größe eingegangen. Die normale Länge betrug demnach 8-12 Zentimeter in schlaffem und 14-20 Zentimeter in erigiertem Zustand. Erigiert bedeutete vermutlich soviel wie steif, ein dritter Zustand war mir jedenfalls unbekannt. Ich stellte das Buch zurück ins Regal und rannte in mein Zimmer.

Bei keinem meiner Lineale begann die Zahlenskala direkt am Rand. Ich mußte das Holz einen halben Zentimeter in den Bauch drücken, um die Nullinie anlegen zu können. Das Ergebnis meiner Messung war niederschmetternd. Maß ich den vordersten Hautzipfel mit, kam ich mit Mühe auf 4,8 oder 4,9 Zentimeter. Selbst als ich den Hautzipfel mit den Fingern in die Länge zog, war bei 5,7 Ende der Fahnenstange. Vielleicht konnte ich im Laufe der Jahre noch ein oder zwei Zentimeter zulegen, aber damit würde ich noch immer unterhalb der Mindestgröße liegen.

Die Messung meines steifen Pimmels mußte ich verschieben. Hielt ich mir die geforderten 14 Zentimeter an, konnte ich mir allerdings leicht ausmalen, daß ich dabei noch schlechter abschnitt. Ich ging zurück in Ankas Zimmer. Mit keinem Wort war in ihrem Buch die Möglichkeit erwähnt, daß auch ein Junge mit kleinem Pimmel ein glückliches Leben führen konnte. Acht, so schien es, war das Mindeste, lag man darunter, konnte man das Leben vergessen. Ich begann im ganzen Haus nach anderen Körperbüchern zu suchen, die die Grenzen etwas großzügiger festlegten, aber außer einem Buch über Schwangerschaftsgymnastik und einem Heftchen mit Turnübungen für Übergewichtige fand ich nichts, was auch nur im Entferntesten mit Körpern zu tun hatte.

Ich beschloß, in meinem geheimen Ringbuch eine Tabelle anzulegen. Mit einem Lineal zog ich zwei Spalten und versah sie mit den Überschriften *P.schl.* und *P.st.*. Sollte das Buch jemals in falsche Hände gelangen, waren meine Eintragungen so wenigstens verschlüsselt. Zur endgültigen Verwirrung vertauschte ich die Zahlen vor und hinter dem Komma. Meine erste Eintragung lautete auf 9,4, und das konnte nun wirklich niemand mehr als das enträtseln, was es in Wirklichkeit war. Am nächsten Morgen hatte ich auch für die zweite Spalte einen Anfangswert. Die 15,9, die ich unter *P.st.* eintrug, waren so etwas wie ein Traumwert für mich. Umgedreht allerdings waren sie die erwartete zweite Enttäuschung. Tief in meinem Inneren hatte ich gehofft, wenigstens die zehn Zentimeter-Marke knacken zu können. Wie es aussah, würde es damit wohl noch eine Weile dauern.

Täglich füllte ich meine Tabelle mit neuen Werten. Um ja keine Messung für die zweite Spalte zu versäumen, lag mein Holzlineal griffbereit auf dem Nachttischchen. Meine Mutter räumte es zwar immer wieder zurück auf den

Schreibtisch, aber da ich befürchtete, auf dem Weg vom Bett zum Tisch wichtige Millimeter zu verlieren, legte ich es noch vor dem Schlafengehen zurück auf seinen Platz. Ich behauptete, ich würde manchmal abends im Bett noch ein bißchen Geometrie machen, aber das war die bescheuertste Lüge, die mir je eingefallen war. Meine Mutter brach in schallendes Gelächter aus und deckte mich zu. Auf ihrem Gesicht lag ihr berühmtes *Ich-weiß-schon-was-los-ist*-Grinsen, das schlimmer war als zwei Tage Hausarrest. Übertroffen wurde sie darin nur noch von meinem Vater, der dasselbe Grinsen auch noch mit einem ziegenähnlichen Meckern garnierte. Bei allem Streit, den sie immer wieder miteinander hatten, im Grinsen waren sie sich einig.

Bis Weihnachten hatte ich es auf dreiundachtzig Einträge gebracht. Auch die rechte Spalte war komplett, wenngleich ich manche Messungen erst im Laufe des Tages hatte eintragen können. Die 5-Zentimeter-Grenze bei *P.schl.* war bereits Ende Oktober gefallen, seitdem allerdings hatten sich keine nennenswerten Zuwächse mehr eingestellt. Das andere große Zwischenziel, die zehn Zentimeter bei *P.st.,* hatte ich hingegen glatt verfehlt. Eine 5,9 vom 11. November, 7.30 Uhr war unübertroffen geblieben. Alles in allem war das eine klare Enttäuschung. Vermutlich würde es bis zu meinem zwanzigsten Geburtstag dauern, bis ich endlich Normalmaße erreicht hätte. Dabei bezweifelte ich, daß das Wachsen überhaupt so lange weiterging. Ich dachte an Anka. Vielleicht war das mit meinem Pimmel und ihren Brüsten ja auch eine Art Erbfehler. Daß unsere Eltern in dieser Beziehung ganz normal waren, mußte gar nicht viel besagen. Ich hatte in der Fernsehzeitung gelesen, daß bei manchen Ehepaaren irgend etwas mit dem Blut oder den Gehirnzellen nicht zusammenpaßte. Dann konnte es sogar passieren, daß die Kinder keine Beine hatten oder vollkommen meschugge waren. Von kleinen Brüsten und Mini-Pimmeln hatte in dem Bericht zwar nichts gestanden, aber das bedeutete noch lange nicht, daß es so etwas nicht auch geben konnte.

Mit Anka konnte ich darüber kaum reden. Wahrscheinlich würde sie rummotzen, daß mich ihre Brüste einen feuchten Scheiß angingen. Wenn sie in Fahrt kam, war sie mit ihren Worten nicht gerade wählerisch. Vater bekam deshalb manchmal richtige Tobsuchtsanfälle, aber dann waren seine Ausdrücke auch nicht mehr vom Feinsten.

Ihre Vorsichtsmaßnahmen im Bad hatte Anka in der Zwischenzeit fast vollständig aufgegeben. Wann immer ich wollte, hatte ich freien Einblick. Oft hatte sie nicht einmal mehr ihre Unterhose an. Zwischen ihren Beinen wuchs ein dichter Busch schwarzer Haare. Wenn sie pinkelte, mußte ziemlich viel darin hängenbleiben. Immer wieder drehte sie sich vor dem Spiegel hin und her und betrachtete sich von allen Seiten. Ihre Brüste schienen mir ein Stück gewachsen zu sein. Jetzt hatten sie immerhin die Größe von kleinen Orangen. Nach wie vor schmierte sie sie jeden Tag ein. Anscheinend hatte sie Erfolg damit. Vielleicht war das ja auch etwas für mich. Daß es sich bei Ankas Creme um etwas Besonderes handeln mußte, erkannte ich schon daran, daß sie die Tube jedesmal mit in ihr Zimmer nahm und dort in ihre Schreibtischschublade einschloß. Den Schlüssel trug sie an einem Kettchen um den Hals. Da heranzukommen war ein Ding der Unmöglichkeit. Es dauerte eine ganze Weile, bis ich herausfand, daß zu ihrem Schreibtisch auch ihr Kleiderschrankschlüssel paßte. Ich war mir sicher, daß Anka davon keine Ahnung hatte. Vorsichtig zog ich die Schublade auf. Ihre Creme lag vornan. Der Name klang ziemlich medizinisch. Zu medizinisch, als daß es dabei nur um schöne Haut gehen konnte.

Die Untersuchung der anderen geheimen Dinge, die sich in Ankas Schublade tummelten, verschob ich auf später. Ich nahm die Tube heraus und drehte den Deckel auf. Sofort schoß ein weißer Strahl heraus und ergoß sich über meine Finger. Die Creme war beinahe flüssig und drohte von meiner Hand auf den Teppichboden zu tropfen. Ich ließ die Schublade offen zurück und rannte ins Bad. Anka hatte nur kurz zum Kiosk gehen wollen. Ich war geliefert, wenn sie mich so erwischte. Ohne noch an mein eigentliches Vorhaben zu denken, wusch ich mir die Finger. Das Geschmiere wollte kaum abgehen. Als ich es endlich mühsam geschafft hatte, rutschte mir auch noch die Tube ins Waschbecken. Ich verlor weitere wertvolle Sekunden mit dem Trockenreiben und schaffte es gerade noch bis in Ankas Zimmer, als unten bereits der Schlüssel ging. Mit zittrigen Fingern legte ich die Creme zurück in die Schublade und schloß leise ab. Den Schlüssel steckte ich eilig zurück ins Schloß des Kleiderschranks. Im selben Moment hörte ich auch schon Ankas Schritte auf der Treppe. Geistesgegenwärtig griff ich nach der kleinen Blechgießkanne auf dem Fensterbrett und machte mich über ihre Kakteen her. Ich hörte, wie hinter mir die Tür aufging, wie Anka stehen blieb, und sogar, wie sie sich die Arme in die Seite stemmte. Im selben Moment ertränkte ich ihren Lieblingskaktus in einer unkontrollierten Flut von Gießwasser.

»Was machst du da, du Arschloch!«

Anka stürzte sich über mich und riß mir die Gießkanne aus der Hand. Sie griff nach dem Glas mit dem Kaktus und rannte ins Badezimmer, um zu retten, was noch zu retten war. Ich erinnerte mich an das Stück Klopapier, mit dem ich die Tube abgetrocknet hatte und das noch immer auf dem Waschbeckenrand liegen mußte. Erleichtert sah ich durch die geöffnete Badezimmertür, daß Anka dafür keine Augen hatte. Das trockengelegte Kaktusglas in der Hand kam sie zurück in ihr Zimmer und knallte mir eine. Damit war die Sache fürs erste erledigt. Obwohl die Ohrfeige ziemlich weh tat, war ich stolz auf mein gelungenes Ablenkungsmanöver. Nicht immer fiel mir auf die Schnelle das Richtige ein.

An Ankas Schublade ging ich nur noch, wenn ich sicher sein konnte, daß sie den ganzen Nachmittag über weg war. Die Einsalbungen, die ich dabei durchführte, zeigten keinerlei Wirkung. Meine Eintragungen traten auf der Stelle. Trotzdem wollte ich nicht zu schnell aufgeben. Vielleicht führte ich die Eincremungen zu unregelmäßig durch. Oder aber ich verwendete zuwenig Salbe. Nach einigem Nachdenken beschloß ich, einen Salbenverband anzulegen. Probleme bereitete mir dabei vor allem die Mullbinde, die ich im Apothekenschränkchen im Schlafzimmer gefunden hatte. Immer wieder rutschte sie von meinem eingecremten Pimmel ab und pendelte mir mit der Schmiere gegen die Beine. Erst im neunten oder zehnten Anlauf bekam ich die Sache in den Griff. Ich befestigte die Binde mit einer Schleife um meinen Po und betrachtete mein Werk. In der Schule hatten wir gerade Ägypten durchgenommen. Irgendwie sah ich aus wie eine Pimmelmumie.

Ich hatte keinerlei Erfahrung mit Salbenverbänden. Ich nahm an, daß sie erst nach einigen Stunden richtig wirkten. Da ich vergessen hatte, vorne ein Stückchen offenzuhalten, mußte ich mir solange das Pinkeln verkneifen. Erst als meine Blase zu platzen drohte, riß ich die Mullbinde ab. Ich erschrak. Mein Pimmel war ganz schrumpelig geworden. Zudem hatte er deutlich an Länge und Umfang eingebüßt. Ich traute mich nicht nachzumessen, aber ich befürchtete, unter vier Zentimeter abgefallen zu sein. Mit Klopapier versuchte ich abzuwischen, was noch an Salberesten auf der Haut verblieben war, aber das meiste war längst eingezogen. Ich glaubte nicht, daß sich mein Pimmel jemals wieder von dieser Kur erholen würde. Tagelang wechselte ich meine Unterhosen nicht mehr und pinkelte nur noch im Dunkeln. Erst als meine Mutter behauptete, ich würde stinken und mich unter Drohungen zwang, unter die Dusche zu gehen, riskierte ich wieder einen Blick. Zu meiner großen Erleichterung schien mein Pimmel wieder seine ursprünglichen Maße angenommen zu haben. Zum ersten Mal machte mich eine Messung von 5,1 richtig glücklich. Den entsprechenden Eintrag in meinem Ringbuch versah ich mit einem Ausrufezeichen.

In der Schule gab es nach den Halbjahreszeugnissen ein paar Stundenplanänderungen. Das war nicht üblich so mitten im Schuljahr, aber da Frau Urban die Sache mit der Biologie ein wenig übertrieben hatte, mußte sie jetzt in die Schwangerschaftsferien. Gleichzeitig fiel Herr Keul, der beim Vorturnen in der 11. Klasse ziemlich unrühmlich vom Reck abgegangen war, für einige Monate mit verschiedenen Bänderrissen aus. Unser Sportunterricht mußte von der fünften und sechsten auf die dritte und vierte Stunde verlegt werden. Das war solange ganz in Ordnung, bis Herr Wagenknecht, unsere Sportvertretung, am Ende seiner ersten Stunde verkündete, daß zum nächsten Mal jeder seine Duschsachen mitzubringen hätte.

»Aus meinem Unterricht geht keiner verschwitzt zurück ins Klassenzimmer«, tönte er, »das war heute das letzte Mal, merkt euch das!«

Ich erstarrte. Herr Wagenknechts Worte bedeuteten im Klartext, daß ich mich schon in der nächsten Woche vor versammelter Klasse ausziehen mußte. Jeder würde sehen, daß mein Pimmel drei Zentimeter unter Normal war. Sogar die Mädchen würden von meinen Mißbildungen erfahren. Es gab immer einen, der petzte.

Eine Duschentschuldigung von meinen Eltern zu bekommen, schien mir genauso aussichtlos zu sein, wie Herrn Wagenknecht eine Wasserallergie vorzutäuschen. In meiner Not versuchte ich auf Zeit zu spielen. Wie sich schon bald herausstellte, war ich mit meiner Taktik nicht alleine. In der nächsten Turnstunde hatten außer mir noch vier andere, darunter auch Frank und Tilmann, ihre Duschsachen vergessen. Gemeinsam gingen wir nach dem Unterricht zu Herrn Wagenknecht, um unser Versäumnis zu beichten. Tilmann sprach für uns alle. Überraschenderweise blieb Herr Wagenknecht ganz ruhig.

»Na dann kommt mal mit«, sagte er, »wollen mal sehen, was wir mit euch machen!«

Sein Grinsen verhieß nichts Gutes. Wir folgten ihm in den Aufsichtsraum, in dem während der Handballspiele des Sportvereins immer der Ansager saß und die Zwischenergebnisse durchgab, die jeder genausogut von der Anzeigetafel ablesen konnte. Herr Wagenknecht steuerte schnurstracks auf den Schrank zu, der neben dem Fenster zur Halle in die Wand eingebaut war. Ich wußte aus dem Unterricht bei Herrn Keul, daß darin Stoppuhren, Schiedsrichterpfeifen und Maßbänder aufbewahrt wurden. Mehr als einmal hatte ich ihm, in der Hoffnung, so meine Sportnote aufbessern zu können, seine Sachen nach der Stunde zurück in die Fächer gelegt. Noch immer grinsend schloß Herr Wagenknecht auf und ließ die Schranktüren zur Seite auffliegen. Die Pfeifen und Stoppuhren waren verschwunden. Statt dessen waren die

Schrankfächer bis unter die Decke vollgestopft mit Handtüchern.

»So die Herren«, sagte Herr Wagenknecht, »freie Auswahl. Noch irgendwelche Unklarheiten?«

Ich vermutete, daß er die Handtücher extra und nur um uns reinzulegen, in den Schrank eingeräumt hatte. Das war eine ziemlich miese Tour. Wenn er sich unbedingt unbeliebt machen wollte, war er so auf dem besten Weg. Ich wagte einen letzten, verzweifelten Vorstoß und versuchte ihm klarzumachen, daß Duschen ohne frische Anziehsachen überhaupt keinen Sinn machte, aber Herr Wagenknecht wollte davon nichts hören. Er verbat sich jede weitere Diskussion und brachte uns bewaffnet mit einem Stapel Handtücher zurück in den Umkleideraum. Es gab kein Entrinnen. Still drückte ich mich in eine der Ecken und begann mich auszuziehen. Aus dem Duschraum klang derweil quietschendes Gelächter. Was mußte da drinnen erst los sein, wenn ich mit meinem Mini-Pimmel auftauchte. Ich ließ meine Unterhosen an und band mir das Handtuch um die Hüften. Es reichte mir bis über die Knie. Vielleicht konnte ich so bis zur Dusche kommen und erst dort die letzten Hüllen fallen lassen. Wenn ich mich geschickt zur Ecke drehte, würde man vielleicht gar nichts sehen.

Ich schaute mich um. Frank und die anderen waren bereits im Duschraum verschwunden. Ich war allein.

»Was ist, Jakob«, rief Herr Wagenknecht, der erneut in der Tür auftauchte, »brauchst du eine Extraeinladung?«

»Nein, nein«, erwiderte ich, »ich wollte gerade gehen.«

Ich schüttelte den Kopf. Unwillig verließ ich meine Ecke. Ich hatte den Duschraum fast erreicht, als die Tür unter lautem Gejohle aufflog. Die erste Schicht strömte heraus. Allen voran Hartmut, der splitternackt seinen

Pimmel vor sich herschob. Der schien mir wenigstens doppelt so lang wie meiner zu sein. Zudem hatte er einen Umfang, in den mein kleiner Stummel vermutlich dreimal reingepaßt hätte. Zwar hatte in Ankas Buch nichts über den Durchmesser gestanden, aber beim Anblick von Hartmuts Pimmel wurde mir schlagartig klar, daß ich auch in dieser Kategorie weit unter Normal liegen mußte. Außerdem wuchsen Hartmut oberhalb seines Pimmels bereits ordentlich die Haare. Nicht soviele wie bei Anka, aber immerhin genug, um als halber Mann durchzugehen. Alle anderen trugen schon wieder ihre Unterhosen. Ich befürchtete, daß es bei ihnen in Sachen Größe und Haare nicht anders ausah.

»Heh, heh, schaut mal her«, feixte Hartmut, »unser Jakob im Röckchen.«

Er wackelte mit den Hüften und schlenkerte dabei seinen Pimmel wie einen Kuhschwanz hin und her. Ich war mir sicher, daß er sein ganzes Leben lang dasselbe Arschloch bleiben würde, das er nun einmal war. Vielleicht würde er zur Strafe irgendwann unter ein Auto kommen oder vom Balkon eines Hochhauses fliegen. Ich würde ihm bestimmt keine Träne nachweinen. Ohne Vorwarnung griff Hartmut nach meinem Handtuch und zog es mir von den Hüften. Als darunter nicht nackte Haut, sondern meine weiße Feinrippunterhose zum Vorschein kam, kannte das Gejohle endgültig keine Grenzen mehr. Nur mit Mühe konnte ich weitere Angriffe abwehren und in den Duschraum flüchten.

Im Nebel des heißen Wassers standen Tilmann, Frank und die anderen Nachzügler und seiften sich ein. Alle hatten sich dabei zur Wand gedreht, nur Benny, der als einziger von der ersten Schicht übriggeblieben war, schaute in den Raum. Genüßlich ließ er sich von seinem Duschstrahl berieseln und schien die Welt um sich herum vergessen zu haben. Nackt sah er noch schwabbeliger aus als in seinen Sportklamotten. Der Speck um seinen Bauch bildete dicke Ringe, die sich auf seinen Hüften stauten. Daß sein Pimmel noch kleiner zu sein schien als meiner, beruhigte mich kaum. Schließlich spielte Benny in jeglicher Hinsicht in einer anderen Liga. Ihn zu schlagen war genauso ruhmreich, wie gegen meine Oma im Federball zu gewinnen. Ich zog meine Unterhose aus und drückte mich neben ihn in die Ecke. Von Frank dahinter sah ich nur den Haarschopf. Mit seinen Körpermassen bildete Benny den idealen Sichtschutz. Als ich das Wasser andrehte, war es damit allerdings schnell vorbei. Mein Duschkopf hatte sich verdreht, und der erste Schwall kalten Wassers rauschte direkt auf Bennys Rücken. Jäh aus seinen Träumen gerissen, sprang er zeternd unter seiner Dusche hervor und stieß wildeste Flüche gegen mich aus. Frank, von dem mich nur noch Bennys verwaister Duschstrahl trennte, glotzte mich an. Ich merkte, wie sein Blick auf meinem Pimmel hängenblieb. Er sagte nichts. Im Vergleich zu ihm hatte ich ein wahres Prachtstück. Franks Pimmel war nicht größer als Bennys und machte zudem in der Mitte einen häßlichen Haken. Er sah aus wie umgeknickt. Frau Westphal, unsere Mathematiklehrerin, hatte so etwas im Geometrieunterricht einen *stumpfen Winkel* genannt. Immer wenn sie uns nach Beispielen gefragt hatte, war mir nichts eingefallen. Jetzt wußte ich eins.

Als nach und nach die anderen aus ihren Nebelwolken auftauchten, stellte ich beruhigt fest, daß sie kaum mehr zu bieten hatten als ich. Zudem wuchs bei keinem auch nur ein einziges Härchen. Wenn einer von uns nicht ganz normal war, dann war es offensichtlich Hartmut.

Ich fragte mich, ob die anderen wohl auch regelmäßig ihre Messungen vornahmen. Bei Frank stellte ich mir die

Sache schwierig vor. Vermutlich mußte er zwei Messungen machen, eine waagrecht und eine senkrecht, und dann die beiden Werte zusammenzählen. Das war ein bißchen umständlich, aber Frank war, was das Rechnen anging, ziemlich fit. Trotzdem tat er mir mit seinem Hakenpimmel leid. Gar nicht auszuschließen, daß auch das eine Krankheit war. Tilmanns großer Bruder, der bereits in die 12. Klasse ging, hatte etwas, das sich Rückgratverkrümmung nannte. Er war deshalb sogar vom Sport befreit. Vielleicht war das bei Frank so etwas ähnliches und hatte erst einmal im Kleinen begonnen. Da hatte ich schon lieber Kinderlähmung. Immerhin konnte man damit, wenn alles gut lief, noch Olympiasieger werden.

Was Verkrümmungen anging, war ich mir da nicht so sicher. Daß Frank auf 50 Meter eineinhalb Sekunden schneller war als ich, konnte sich schon bald ändern. Wenn dann die anderen über ihn herfielen, würde ich als einziger weiter zu ihm halten. Am liebsten hätte ich ihm ein bißchen Mut gemacht, aber ich traute mich nicht, ihn auf seine Krankheit anzusprechen. Ohnehin zeigte sich beim nächsten 50-Meter-Lauf, daß sich die Verkrümmungen noch nicht weiter ausgedehnt hatten. Er kam nahe an Volkers Bestzeit heran und gab ganz schön an damit.

»Und du« fragte er mich, »wieder über neun?«

Hartmut, der neben ihm stand, grinste und deutete ein paar Schimpansenbewegungen an. Frank lachte. Ich schüttelte den Kopf und drehte mich um. Vielleicht würde ich doch nicht zu ihm halten.

Zank

Kurz vor Ostern schien irgend etwas in der Luft zu liegen. Alle stritten sich. Anka mit Mutter, Mutter mit mir, Volker mit Frank und Hartmut mit allen. Am meisten aber stritten Mutter und Vater. Wegen jeder Kleinigkeit lagen sie sich in den Haaren. Entweder Mutter hatte zuviel beim Einkaufen ausgegeben, oder Vater hatte vergessen, die bestellte Blumenerde in der Gärtnerei abzuholen, oder sie stritten sich über das Fernsehprogramm, was immer funktionierte, wenn es sonst nichts rumzumeckern gab. Meine Oma schaute bei so etwas immer in die Zeitungshoroskope, aber da stand weder bei Vater noch bei Mutter irgend etwas Verdächtiges drin. Vielmehr war bei Vater von Harmonie und privatem Glück die Rede, was mich in meinem Verdacht bestärkte, daß die Horoskope in den Zeitungen frei erfunden waren. Vielleicht gab es gerade besondere Sterne oder Planeten am Himmel, die die Menschen verrückt machten. An den Horoskopen lag es jedenfalls nicht.

Wenn meine Mutter mit mir meckerte, dann lag das meistens an meinen schlampig gemachten Hausaufgaben oder am Zustand meines Kinderzimmers, der ihr Worte wie *katastrophal*, *beklagenswert* oder *saumäßig* entlockte. Dazu verdrehte sie die Augen und seufzte wie meine Oma, wenn sie einen Rheumaanfall hatte. Neuerdings bezeichnete sie meine Unordnung sogar als *erbarmungswürdig*, aber was das für einen Sinn machte, wußte sie wahrscheinlich selbst nicht. Wenn sie die herumliegenden Sachen zusammensammelte und auf meinem Schreibtisch zu einem Haufen auftürmte, hatte das jedenfalls mit Erbarmen nicht besonders viel zu tun. Was Ordnung anging, trennten uns Welten. Im Gegensatz zum Streit zwischen Vater und Mutter hatten diese Meckereien ganz sicher nichts mit Planeten zu tun. Hausaufgaben und Aufräumen waren genauso Ganzjahresprobleme wie schlechte Noten oder beim Fußballspielen zerrissene Hosen.

Wenn Mutter besonders sauer auf mich war, sagte sie zu Vater immer *Dein Sohn*.

»*Dein Sohn* hat wieder mal eine Vier nach Hause gebracht« oder »*Dein Sohn* hat oben einen Sauladen, das hältst du nicht für möglich«.

Dann wollte sie offensichtlich nicht mehr meine Mutter sein, und Vater murrte auch nur. In diesen Momenten hatte ich eine Ahnung davon, wie Sylvia sich fühlen mußte. Dabei glaubte ich noch nicht einmal wirklich daran, daß sie keine richtigen Eltern hatte. Trotzdem nahm ich mir vor, sie in Zukunft damit in Ruhe zu lassen.

Besonderen Streit zwischen meinen Eltern gab es nach einem Fest bei Lebrechts, ihren besten Freunden aus dem Tennisclub. Das Unheimliche daran war, daß dabei kein einziges lautes Wort fiel. Eigentlich fiel so gut wie gar kein Wort, zumindest nicht, wenn ich dabei war. Mutter und Vater schwiegen eine ganze Woche lang und auch danach wurde die Stimmung nur langsam wieder besser. Um hinter den Grund ihres Streits zu kommen, begann ich an ihrer Schlafzimmertür zu lauschen, aber auch das brachte mir keine neuen Erkenntnisse. Erst als ich auf dem Schreibtisch meines Vaters unter einem Stapel Briefen eine Visitenkarte mit einem Frauennamen fand, begann mir die Sache langsam zu dämmern. Eine Anna Kaczmarek, Fußpflegerin, gehörte, so weit ich wußte, nicht zum gemeinsamen Bekanntenkreis meiner Eltern. Bei ihrem Beruf konnte es sich zudem kaum um eine dienstliche Angelegenheit handeln. Und daß mein Vater neuerdings in einen Fußpflegesalon ging und sich die Zehennägel lackieren ließ, konnte ich erst recht nicht glauben. Selbst meine Mutter machte das nur zwei- oder dreimal im Jahr und wenn, dann oben im Badezimmer, ohne die Hilfe einer Fußpflegerin.

Ich traute mich kaum zu denken, was als einziges allem einen Sinn gab: Mein Vater hatte eine Freundin. Mir war nicht recht klar, wofür er eine zweite Frau brauchte, aber vielleicht war sie jünger oder hatte einen größeren Busen oder zankte sich nicht so oft mit ihm wie Mutter. Nach einigem Nachdenken war ich mir sicher, daß er die Frau auf dem Fest bei Lebrechts kennengelernt haben mußte. Vielleicht hatte er sie in einer dunklen Ecke geküßt und Mutter hatte es gesehen. Deshalb hatten sie die Woche danach auch nicht mehr miteinander geredet. Warum aber versteckte Vater die Visitenkarte unter seinen Briefen, wenn Mutter die Frau ohnehin kannte? Das machte keinen Sinn. Wenn Mutter aber nichts davon wußte und Vaters Freundin womöglich gar nicht auf dem Fest bei Lebrechts gewesen war, warum hatten sie dann diesen Streit miteinander?

Nach meiner Entdeckung klang mir Mutters *Dein Sohn* noch herzloser als zuvor. Ich wußte, was das Wort Scheidung bedeutete und auch, daß die Kinder dann nur noch mit Vater oder Mutter zusammenlebten. In meinem Fall aber konnte es leicht passieren, daß ich bei einer Scheidung ganz auf der Strecke blieb. Vermutlich war diese Anna Kaczmarek nicht besonders scharf darauf, sich mit meinem Vater auch gleich noch einen zwölfjährigen Jungen zu angeln. Ich würde zu Pflegeeltern kommen oder in ein Heim oder eine Erziehungsanstalt, und darüber, was das bedeutete, machte ich mir keine Illusionen.

Tagelang drückte ich mich nur noch in meinem Zimmer herum. Meine Zukunft war bitter und ungewiß.

Es dauerte bis zum Beginn der Osterferien, ehe ich den Mut fand, meinem Schicksal ins Auge zu sehen. Ich beschloß, meinem Vater nach Dienstschluß vor dem Rathaus aufzulauern und ihn so lange zu verfolgen, bis ich alles über ihn und diese Anna Kaczmarek wußte. Obwohl ich mich dabei wie ein richtiger Detektiv von Ecke zu Ecke schlich und immer genau darauf achtete, genügend Abstand zu halten, ging mir die Sache gründlich in die Hose. Schon nach drei Minuten entdeckte mich mein Vater hinter einer Schaufensterecke. Zum Glück schien er nicht zu ahnen, daß ich ihm hinterherspionierte. Er dachte an einen Zufall und lud mich zum Spaghetti-Eis in die Eisdiele ein. Nichts deutete darauf hin, daß ich ihm gerade eine wichtige Verabredung versaute.

Erst als ich ihm am nächsten Tag unter ähnlichen Umständen ein zweites Mal begegnete, wurde er mißtrauisch. Ich hatte am Marktplatz für einen kurzen Augenblick seine Spur verloren, als ich auch schon seine Hand auf meiner Schulter spürte.

»Was machst du denn schon wieder hier?« knurrte er mich an. »Raus mit der Sprache, und erzähl mir nicht, daß Mami dir das erlaubt hat.«

»Klar hat sie das«, protestierte ich, »ich brauche neue Turnschuhe.«

Mein Vater runzelte die Stirn.

»Und gestern?«

»Da habe ich keine gefunden.«

Vaters Runzeln wurden tiefer. Es war offensichtlich, daß er mir nicht glaubte. Sein Griff an meiner Schulter wurde fester.

»Du lügst doch nicht etwa, oder?«

Ich schüttelte den Kopf. Es stimmte in der Tat, daß ich neue Turnschuhe brauchte, und es stimmte auch, daß meine Mutter über meine Ausflüge in die Stadt Bescheid wußte. Ich war zwar wegen der Schuhe noch in keinem einzigen Geschäft gewesen, aber danach hatte er mich ja nicht gefragt.

»Na das werden wir ja sehen«, sagte er, »jetzt gehen wir auf alle Fälle erst einmal zusammen nach Hause!«

Seine Stimme klang ärgerlich. Ich war mir sicher, daß ich ihm dieses Mal tatsächlich eine Verabredung vermasselt hatte. Irgendwo saß Anna Kaczmarek in einem Café und wartete vergeblich auf ihn. Wahrscheinlich war auch sie sauer. Ich glaubte nicht, daß sie deshalb gleich mit meinem Vater Schluß machen würde, aber Pluspunkte sammelte er damit sicher nicht bei ihr.

Zu Hause war auch meine Mutter sauer. Sie machte Vater dafür verantwortlich, daß ich noch immer keine Turnschuhe hatte. Das, so fand ich, war ungerecht. Schließlich hatte er bis vor einer halben Stunde noch gar nichts von neuen Turnschuhen gewußt. Trotzdem gefiel es mir, daß jetzt er den Schwarzen Peter hatte. Verwundert sah ich, wie mein Vater nickte. Wortlos zog er sich hinter seinen Schreibtisch zurück und vertiefte sich in einen Aktenordner. Er sah aus, als hätte er ein schlechtes Gewissen. Ich glaubte nicht, daß das alleine mit meinen Turnschuhen zusammenhing.

Meine Verfolgungsaktionen stellte ich vorübergehend ein. Statt dessen machte ich den Fußpflegesalon von Anna Kaczmarek ausfindig. Er war geschlossen. Einem Schild in ihrem Schaufenster zufolge hatte sie drei Wochen Betriebsferien. Ich hatte mir überlegt, Anna Kaczmarek zur Rede zu stellen oder sie wenigstens ein bißchen durch die Scheiben ihres Ladens zu beobachten. Beides konnte ich jetzt erst einmal vergessen. Um die

Ferien nicht ungenutzt verstreichen zu lassen, beschloß ich, unser Haus nach neuen Beweisstücken auf den Kopf zu stellen. Schnell zeigte sich, daß auch dieses Vorhaben unter keinem allzuguten Stern stand. Meine Mutter hatte urplötzlich eine ungewohnte Häuslichkeit befallen, und anstatt ihre freie Zeit bei ihren Freundinnen oder auf dem Tennisplatz zu verbringen, lungerte sie im Wohnzimmer auf dem Sofa herum. Sie behauptete, sich endlich einmal richtig ausruhen zu müssen, aber das war natürlich eine Lüge. Ich war mir sicher, daß sie den gleichen Plan verfolgte wie ich. Auch sie suchte nach Beweisstücken, die meinen Vater endgültig als Weiberhelden entlarvten. Eine Katastrophe kündigte sich an. Würde sie mir bei der Suche zuvorkommen, konnte ich meine Tasche fürs Heim vermutlich schon mal packen. Ich beschloß, ihr nicht mehr von der Seite zu weichen.

Um auch gegen frühmorgendliche Suchaktionen meiner Mutter gewappnet zu sein, stand ich auf, sobald mein Vater das Haus verließ. Das war ziemlich ungewöhnlich. Noch in den Weihnachtsferien hatte sich meine Mutter beklagt, daß sie mich kaum zum Mittagessen aus dem Bett bekäme.

»Ich will halt was vom Tag haben«, behauptete ich hartnäckig.

Daß ich dabei selbst bei schönstem Frühlingswetter keinen Fuß vor die Tür setzte, gefiel meiner Mutter überhaupt nicht. Sie behauptete, ich bräuchte frische Luft, und wenn ich so weitermachte, würde ich bestimmt noch vor den Feiertagen krank im Bett liegen. Was ihre Gesundheit anging, schien sie sich keine größeren Sorgen zu machen. Ich durchschaute sie auf der ganzen Linie. So leicht ließ ich mich nicht reinlegen.

Wenn sie zum Einkaufen ging, versuchte sie mich jedesmal zu überreden, sie zu begleiten. Darauf war ich vorbereitet. Meistens hatte ich Kopfschmerzen oder mir war übel. Sie drohte mir mit einem erneuten Besuch beim Arzt, aber damit konnte sie mich bei dem, was auf dem Spiel stand, nicht schrecken. Für kurze Zeit hatte ich so das Haus für mich alleine. Anka war mit ihrer besten Freundin für die Ferienzeit auf ihren Reiterhof ins Allgäu gefahren. Zum Ausgleich hätte ich meine Ferien in einem Freizeitlager für Jungs auf der Schwäbischen Alb verbringen dürfen, aber im letzten Moment hatte ich keine Lust gehabt. Vermutlich rannte man da nur den ganzen Tag im Wald herum und schnitzte Stöckchen. Erst jetzt wurde mir klar, wie klug mein Entschluß daheimzubleiben in Wirklichkeit gewesen war.

Mutters Besorgungstouren dauerten nicht länger als dreißig oder vierzig Minuten. Das war nicht viel. In meinem geheimen Ringbuch hatte ich die verdächtigen Räume in siebzehn Suchzonen eingeteilt. Manche dieser Suchzonen, wie das Nachttischchen meines Vaters, waren in fünf Minuten erledigt, für andere, wie sein Bücherregal neben dem Schreibtisch, brauchte ich beinahe eine Stunde. Schließlich konnte ein Liebesbrief in jedem einzelnen Buch versteckt sein, und so blieb mir nichts anderes übrig, als alle Stück für Stück genau zu untersuchen. Die erledigten Suchzonen hakte ich in meinem Ringbuch ab. Bis Karfreitag schaffte ich elf. Neue Beweise fand ich keine. Das konnte ein gutes wie ein schlechtes Zeichen sein. Entweder es gab tatsächlich keine Beweise, oder aber ich hatte sie noch immer nicht gefunden. Dann allerdings konnten sie auch weiterhin meiner Mutter in die Hände fallen.

Auch sonst begann ich auf gute und schlechte Zeichen zu achten. Der Strauß Osterglocken, den Vater Mutter am Gründonnerstag mitbrachte, war ohne Frage ein gutes Zeichen. Das stumme Frühstück am nächsten Morgen dagegen wieder ein schlechtes. Nachts achtete ich auf Geräusche aus dem Schlafzimmer. Meist blieb es ruhig, aber manchmal gab es ein komisches Stöhnen. Ich hatte einen bestimmten Verdacht, was das bedeutete, aber ich war mir nicht sicher, ob meine Eltern so etwas taten. Auf dem Schulhof ging das Wort *bumsen* dafür herum, und es klang, als wäre es eine ziemlich gute Sache. Küssen schien im Vergleich dazu eine fade Angelegenheit zu sein. Eher etwas für Anfänger. Hartmut hatte noch in der letzten Hofpause vor den Ferien behauptet, es würde nicht mehr lange dauern, und er würde auch mit dem Bumsen anfangen. Außer ihm selbst glaubte das freilich keiner.

Immer, wenn es stöhnte, war die Schlafzimmertür geschlossen. Stand sie dagegen einen Spalt breit offen, hörte man allenfalls das Umblättern einer Zeitung. Wenn Mutter und Vater tatsächlich miteinander bumsten, war vielleicht auch das ein gutes Zeichen. Daß sie dabei so laut stöhnten, beunruhigte mich allerdings. Es hörte sich an, als ob sie sich weh täten. Aber vielleicht war Bumsen auch einfach nur sehr anstrengend.

Einmal, als das Stöhnen besonders laut wurde, schlich ich mich an die Tür und schaute durchs Schlüsselloch. Es war ziemlich dunkel im Schlafzimmer. Trotzdem erkannte ich den Rücken und den Po meines Vaters. Er war nackt. Von meiner Mutter sah ich nur die Füße, die links und rechts von Vaters Rücken herausguckten. Sein Po bewegte sich unentwegt auf und ab. Es sah aus, als wollte er Mutter damit aufpumpen. Sie stöhnte, als ob das Ganze nicht mehr lange gutgehen würde. Ich spürte mein Herz gegen meinen Hals pochen. Es raste wie nach einem 50-Meter-Lauf. Dazu kribbelte es mir unangenehm über den Rücken. Ich hatte keinen Zweifel, daß das, was meine Eltern taten, tatsächlich Bumsen war.

Im Vergleich zu Mutters Stöhnen schnaufte Vater nur. Manchmal hielt er kurz an, um sich ein bißchen auszuruhen. Ich glaubte zu erkennen, daß sein Rücken ganz verschwitzt war. Es schien in der Tat sehr anstrengend zu sein. Nachdem er ein paar Sekunden Kraft gesammelt hatte, pumpte er von neuem los und Mutter stöhnte noch lauter als zuvor. Ich konnte mir nicht recht vorstellen, daß sie das alles freiwillig taten. Weder Mutter noch Vater schien es dabei besonders gutzugehen. Davon, daß Bumsen eine ziemlich gute Sache sein sollte, war ich alles andere als überzeugt. Vermutlich wußte Hartmut überhaupt nicht, wovon er redete. Vielleicht hatte er noch nicht einmal eine Ahnung davon, daß man dabei vollkommen nackt sein mußte.

Mir war nicht wohl bei dem, was ich sah. Auch wenn es mir meine Eltern nie verboten hatten, war mir klar, daß Schlüssellochgucken an der Schlafzimmertür schlimmer war als heimliches Fernsehen am Abend. Und schon dafür hatte ich fünf Tage Hausarrest und eine Woche Taschengeldentzug bekommen. Ich war auf dem Sofa eingeschlafen, und Anka, das Miststück, hatte mich nicht geweckt. Plötzlich hatten meine Eltern in ihren Ausgehsachen vor mir gestanden. Im Fernsehen lief nur noch das Sendeschlußbild. Alleine für meine Lüge, ich wäre schon gegen halb acht, direkt nach *Lieber Onkel Bill,* eingeschlafen, bekam ich drei Tage extra aufgebrummt.

»Gib's wenigstens zu!« schnauzte mich mein Vater an, aber dafür war es zu spät.

Aus Rache schrieb ich in Ankas Namen einen Liebesbrief an Sven Bruggmann, ihren mit Abstand verhaßtesten Klassenkameraden. Der allerdings gab mir den Brief postwendend auf dem Pausenhof zurück. Er behauptete, ich hätte eine Kleinkinderschrift, und mit einem solchen

Gesülze könne ich allenfalls einen Schwachsinnigen hinters Licht führen. Außerdem hatte ich Küssen mit scharfem S, und Liebe ohne IE geschrieben. Er hatte mir alle Fehler mit rotem Filzstift angestrichen.

Das Stöhnen im Schlafzimmer wurde lauter. Ich beschloß den Rückzug anzutreten, bevor meine Eltern mit dem Bumsen fertig waren. Beim Aufstehen stieß ich mit dem Kopf gegen die Türklinke. Mir stockte der Atem. Wie gelähmt wartete ich darauf, daß die Tür aufflog und mein Vater splitternackt vor mir stand. Einmal mehr war ich als mieser kleiner Schlüssellochgucker enttarnt. An eine rettende Ausrede war nicht zu denken. Erleichtert hörte ich, wie das Stöhnen von drinnen weiterging. Auf leisen Sohlen schlich ich zurück in mein Zimmer. Ich lag noch keine fünf Minuten wieder im Bett, als die Schlafzimmertür aufging und meine Mutter im Halbdunkel des Flurs auftauchte. Soweit ich erkennen konnte, war auch sie nackt. Sie kicherte ins Schlafzimmer und verschwand schließlich im Bad. Als sie kurz darauf wieder herauskam, hörte ich sie sagen: »Das war genau das, was ich jetzt gebraucht habe!« Damit stand fest, daß ich Bumsen als gutes, vielleicht sogar als sehr gutes Zeichen werten konnte. Nach Scheidung und Heim klang das jedenfalls nicht. Beruhigter als die Nächte zuvor schlief ich ein.

Auch am nächsten Morgen schien die Welt in Ordnung zu sein. Es war Ostersonntag, und meine Mutter hatte den Frühstückstisch besonders schön gedeckt. Auf jedem Teller stand ein geflochtenes Osternestchen mit Eiern und einem kleinen Schokoladenhasen. Auch für Anka, die erst in einer Woche zurückkommen sollte, stand ein Nest bereit. Nach dem Frühstück, sagte meine Mutter, dürfe ich im Garten noch eine Kleinigkeit suchen. Vater hatte am Morgen angeblich gesehen, wie der Osterhase durchgehoppelt war. Ich nickte artig. Manchmal taten die beiden so, als wäre ich noch ein Baby. Trotzdem freute ich mich auf das Suchen.

Ich nippte gerade an meinem Kaba, als ich Mutter fragen hörte: »Sag mal, Werner, wann gehst du denn das nächste Mal zu Frau Kaczmarek?«

In einer gewaltigen Explosion hustete ich meinen Kaba über den Frühstückstisch. Meine Mutter wußte alles. Sie wußte ihren Namen, sie wußte, daß mein Vater zu ihr ging, und wahrscheinlich wußte sie sogar, daß Frau Kaczmarek keine Kinder mochte. Vater, der auch ein paar Spritzer Kaba auf sein Osterhemd abbekommen hatte, sprang auf und brüllte mich an. Wahrscheinlich war er froh, daß ich ihn mit meiner Spuckerei aus der peinlichen Situation gerettet hatte, aber er ließ sich nichts anmerken. Auch Mutter war wütend und zeterte irgend etwas mit *Dein Sohn*. Mit eisigem Blick schickte sie mich hinauf in mein Zimmer.

Ostern war für mich gelaufen. Erst am Mittag durfte ich wieder nach unten kommen. Vom Osterhasen, der am Morgen durch den Garten gehoppelt war, war keine Rede mehr. Auch über Frau Kaczmarek verlor keiner mehr ein Wort. Wahrscheinlich hatten Vater und Mutter die Sache zu Ende gebracht, während ich auf meinem Zimmer war. Die Stimmung war auf dem Nullpunkt. Noch am Abend war mein Vater grummelig und mißgelaunt. Vielleicht hatte Mutter ihm verboten, weiter zu Frau Kaczmarek zu gehen, und jetzt mußte er sich eine neue Freundin suchen. Oder aber sie hatten sich bereits über die Scheidung geeinigt.

»Und Jakob«, hörte ich sie in Gedanken sagen, »Jakob stecken wir ins Heim!«

Es waren schreckliche Ostern.

Seltsamerweise hörte ich am Abend erneut Stöhnen aus dem Schlafzimmer. Was das nun wieder bedeuten sollte, war mir schleierhaft. Entweder Mutter und Vater hatten sich Hals über Kopf wieder miteinander vertragen, oder Bumsen war doch kein so gutes Zeichen, wie ich gedacht hatte.

Das Wort Scheidung hörte nicht auf, in meinem Kopf herumzuspuken. Zwei Wochen später lauerte ich meinem Vater noch einmal vor dem Rathaus auf. Dieses Mal ertappte er mich nicht. Er hatte es eilig und legte zwischendurch immer wieder ein paar Laufschritte ein. Schon nach wenigen Minuten war mir klar, wohin er mich führen würde. Mit fliegenden Schritten stürmte er in Anna Kaczmareks Fußpflegesalon. Von meinem Versteck hinter einem Auto auf der anderen Straßenseite verfolgte ich durchs Schaufenster, wie er Frau Kaczmarek die Hand gab. Sie war klein, rundlich und wenigstens zwanzig Jahre älter als meine Mutter. Vielleicht war sie sogar älter als meine Oma. Sie lachte und deutete auf eine Art Zahnarztstuhl. Mein Vater setzte sich. Wenig später hantierte sie ihm mit kleinen Messerchen an seinen Fußnägeln herum. Ich war erleichtert, daß er sie sich nicht lackieren ließ. Noch erleichterter allerdings war ich, daß Frau Kaczmarek ganz offensichtlich nicht seine Freundin war. Ich hatte große Lust, meiner Mutter meine Entdeckung mitzuteilen, damit sie sich keine Sorgen mehr machen mußte, aber ich wußte nicht recht, wie ich die Sache anfangen sollte. Trotzdem sah auch sie erleichtert aus.

Die Streitereien waren damit freilich nicht zu Ende. Sie schienen bei uns irgendwie dazuzugehören. Auch Anka und ich mischten wieder nach Kräften mit.

»Mit dir zusammen unter einem Dach ist es ja kaum auszuhalten!« schrie sie mich an, nachdem sie mich zum fünften oder sechsten Mal an ihrer Pralinenschachtel mit Krokant- und Nußhäufchen erwischt hatte, die sie von ihrem neuesten Verehrer geschenkt bekommen hatte. Sie war echt mieser Laune.

»Sei froh«, erwiderte ich knapp, »daß du Ostern nicht dagewesen bist.«

Ich schnappte mir eine letzte Praline und drückte mich an ihr vorbei aus dem Zimmer. Ungläubig glotzte sie mir hinterher. Am Abend erzählte ich ihr, daß sich Mutter und Vater die ganzen Ferien miteinander gestritten hatten, aber das schien Anka nicht sonderlich zu interessieren.

»Na und«, sagte sie, »das ist doch nichts Neues.«

Ich nickte. Damit hatte sie wohl recht. Von Anna Kaczmarek erzählte ich nichts.

Zeugnisse

Unter allen Gemeinheiten, die die Schule zu bieten hatte, gehörten die Zeugnisse mit zum Übelsten. Für Streber wie Benny oder Sylvia mochte das etwas anderes sein, aber die hatten außer Lernen ja auch nicht viel zu tun. Eine Drei war für Sylvia schon eine mittlere Katastrophe. Nach einer Vierminus in Erdkunde war sie kreidebleich geworden und hatte an die frische Luft gebracht werden müssen. Obwohl sie behauptete, es sei alles wieder in Ordnung, sah sie noch am nächsten Morgen ziemlich mitgenommen aus.

Für mich gehörten Dreien und Vieren schon längst zum Alltag. Bei Volker und Frank sah es nicht viel besser aus, aber die hatten wenigstens ihre Eins in Sport, mit der sie von ihren anderen Noten ablenken konnten. Meine letzte Zeugniseins lag schon zwei Jahre zurück, und selbst die war nur in Religionslehre gewesen. Pfarrer Flösch hatte seinerzeit allen in der Klasse eine Eins gegeben. Um uns fürs neue Schuljahr milde zu stimmen, wie wir vermuteten. Einen Gefallen, den wir ihm schlecht tun konnten. Schließlich waren Reli- und Musiklehrer die einzigen, bei denen man einigermaßen ungestraft auf die Pauke hauen konnte. Darauf wollte niemand verzichten.

Selbst Benny machte mit, wenn wir im Unterricht Kreuzigung spielten. Wir ließen unter der Bank ein Kartenspiel durchgehen, und der, der den Kreuz König zog, war zum Jesus gewählt. Sobald sich Pfarrer Flösch zur Tafel umdrehte, mußte der Jesus aufstehen, die Arme zur Seite ausbreiten und laut sagen: »O je, o je, was tun mir Arm und Füße weh!« Während Pfarrer Flösch jedesmal um Fassung rang, brachen wir in donnerndes Gelächter aus. Unumstrittener König unter den Jesusdarstellern war Tilmann. Keiner konnte ein so leidendes Gesicht machen wie er. Auch meine Kreuzigungen kamen meistens ganz gut an. Selbst Hartmut jubelte mir zu. Eine Zeitlang dachte ich über eine besondere Variante mit Dornenkrone nach. Vielleicht konnte ich so sogar Tilmann ausstechen. Mit Vaters Gartenschere bewaffnet, schnitt ich am Waldrand Brombeerranken. Dabei verstach ich mir gründlich die Finger. Als sich einer der Einstiche am nächsten Tag auch noch entzündete und anfing zu eitern, gab ich mein Vorhaben schließlich auf.

Meine Eltern wußten nichts von Kreuzigungen und auch nichts davon, daß meine Relinote andere Gründe als ausgerechnet gute Leistungen hatte. Wie zu Schuljahresbeginn versprochen, bekam ich für meine Eins fünf Mark. Meine Eltern hatten dabei wohl eher an eine Mathematik- oder Deutscheins gedacht, aber abgemacht war abgemacht, da konnten sie schlecht einen Rückzieher machen. Oma versprach mir am Telefon noch einmal fünf Mark, die mir Vater unter der Bedingung auszahlte, sie nicht gleich am nächsten Tag in Micky-Maus-Heftchen oder sonstigem Blödsinn anzulegen. Ich wartete zwei Tage und kaufte mir für neun Mark fünfundneunzig ein Messerschmitt-Flugzeug-Modell zum Zusammenbauen, bei dem mir schon nach wenigen Handgriffen einer der Flügel abbrach. Weder Pattex noch Leukoplast konnten den Schaden beheben, und so landeten meine neun Mark fünfundneunzig noch am selben Abend in der Mülltonne. Meinen Eltern schwindelte ich vor, die zehn Mark ins Sparschwein gesteckt zu haben. Das stellte sie solange zufrieden, bis Mutter die Schachtel mit den Einzelteilen meiner Messerschmitt in der Mülltonne entdeckte. Das Preisschild klebte noch immer auf dem

Deckel. Weit mehr als die Tatsache, daß ich sie angeschwindelt hatte, schien sie dabei zu treffen, daß ich mein Geld angeblich zum Fenster rausgeschmissen hatte.

»Siehst du«, maulte mein Vater, »jetzt war deine ganze Anstrengung umsonst. Schön blöd!«

Mir lag es auf der Zunge, ihm die Wahrheit über meine Eins zu erzählen, behielt sie dann aber doch lieber für mich. Wahrscheinlich hätten ihn die verlorenen zehn Mark so nur noch mehr aufgeregt.

Am Ende der 7. Klasse war an Geld für gute Noten nicht zu denken. Im besten Fall würde ich auf zwei Zweien, sieben Dreien und drei Vieren kommen. Ein Zeugnis, das gerade noch kommentarlos durchgehen würde. Zudem war eine meiner möglichen Zweien die für gutes Betragen, die noch weniger galt als eine gute Relinote. Daß ich mich in der Schule ordentlich benahm, schien für meine Eltern eine Selbstverständlichkeit zu sein. Dabei hatte Tilmann in Betragen sogar schon einmal eine Vier gehabt, und das nur, weil er ein paar Klassenbucheinträge zuviel gesammelt hatte. So etwas ging schnell. In manchen Dingen lebten meine Eltern wirklich hinterm Mond.

Da ich es seit dem Halbjahreszeugnis selbst schon auf drei Einträge gebracht hatte, war meine Betragens-Zwei alles andere als sicher. Ganz zu schweigen von der in Mathe, wo ich nach meiner letzten Dreibisvier nur noch auf 2,8 stand. Aber bei guter mündlicher Mitarbeit, betonte Frau Westphal immer wieder, war eine halbe Note schon noch drin. Zwar hatte ich mich in letzter Zeit im Unterricht fast nie gemeldet, aber immerhin waren ja noch drei Wochen Zeit, um die Sache umzubiegen. Genauso wie beim 50-Meter-Lauf konnte ein guter Schlußspurt wahre Wunder bewirken. Das jedenfalls meinten die, denen so was schon einmal geglückt war.

Noch wichtiger als in Mathe schien mir allerdings ein guter Schlußspurt in Französisch zu sein. Ich wollte den Teufel nicht an die Wand malen, aber eine erste Zeugnisfünf schien seit den letzten beiden Vokabeltests nicht mehr unmöglich. War ich beim vorletzten mit einer Fünfminus noch knapp an der Katastrophe vorbeigeschrammt, hatte ich kaum zwei Wochen später endgültig ins Volle gelangt. Meine erste Sechs fiel auf einen Freitag den dreizehnten. Lars sagte, einmal sei immer das erste Mal, und ich solle mir deshalb nur keine grauen Haare wachsen lassen. Der Dreizehnte hatte seiner Meinung nach nichts damit zu tun. Eine Sechs könne einen jeden Tag erwischen. Ich nickte. Lars mußte es wissen, Erfahrung hatte er jedenfalls genug.

Zum Glück mußten wir die Tests zu Hause nicht unterschreiben lassen. Meine Eltern glaubten auch weiterhin, daß ich auf einer stabilen Vier stand. Eine Vier, die sie einzig und allein meiner Faulheit zuschrieben. Dabei hatten sie nicht die Spur einer Ahnung, wie schwer Französisch war. Sie selbst sprachen nur Englisch, und das so schlecht, daß sie damit nicht einmal die 5. Klasse geschafft hätten.

»Alles geht, wenn man nur will!« sagte mein Vater.

Er saß breit in seinem Fernsehsessel und las Zeitung. Als ich ihn bat, mir den Satz ins Französische zu übersetzen, schmiß er mich aus dem Wohnzimmer. Er sah ziemlich sauer aus. Dabei hatte er erst am Vortag lauthals über einen Kollegen aus dem Rathaus hergezogen, der angeblich ständig an ihm herummeckerte.

»Soll er's doch erst mal besser machen!« hatte ich ihn in der Küche schimpfen hören. »Solange er selber keine Ahnung hat, kann er schön die Klappe halten.«

Was für ihn und das Büro galt, schien nicht im gleichen Maße auch für mich und die Schule zu gelten. Es war sinnlos, darüber mit ihm zu streiten.

Von Lars wußte ich, daß seine Englisch-Fünf im letzten Halbjahreszeugnis bei seinen Eltern regelrechte Panikattacken ausgelöst hatte. Seitdem mußte er jede Woche zwei Nachhilfestunden absitzen. Jede dritte mußte er auch noch selbst bezahlen. Jetzt stand er gerade einmal auf 4,3, und es war alles andere als sicher, ob Herr Imhofer ihm nicht doch wieder eine Fünf reindrücken würde. Als pädagogische Maßnahme, wie er sich gerne ausdrückte. Dabei hätte eine solche Maßnahme für Lars ziemlich sicher bedeutet sitzenzubleiben. Zusammen mit seiner Fünf in Biologie wurde das Ausgleichen eine komplizierte Angelegenheit. Niemand wußte so recht, ob Lars' einzige Zwei in Musik noch irgend etwas retten konnte. Reli und Sport, da waren wir uns einig, hatten für die Versetzung keine große Bedeutung. Ich vermutete, daß es mit Musik nicht anders war, aber ich wollte Lars nicht alle Hoffnung rauben.

»Wenn mir der Imhofer wieder eine Fünf gibt«, sagte Lars, »dann stech ich ihm eigenhändig die Reifen ab. Da kann er Gift drauf nehmen!«

Ich traute Lars so etwas durchaus zu. Schließlich hatte er Frau Urban schon einmal Uhu ins Türschloß ihres hellblauen Kadetts geschmiert, und das nur, weil sie ihn angeblich um zwei Punkte in der Biologiearbeit beschissen hatte. Herr Helmrich, unser Direktor, hatte eine Untersuchung eingeleitet, aber niemand war Lars auf die Schliche gekommen. Bis heute wußten nur Frank, Volker und ich davon.

Wenige Tage später sah ich Herrn Imhofer nach Schulschluß auf dem Parkplatz an seinem Auto einen Reifen wechseln. Er kochte vor Wut. Ich dachte, Lars hätte seine

Drohung schon vor den Zeugnissen wahrgemacht, aber er bestritt, irgend etwas mit der Sache zu tun zu haben. Tatsächlich nannte Herr Imhofer die Angelegenheit am nächsten Morgen einen Anschlag und hielt jeder seiner Klassen einen rostigen Nagel vor die Nase, der angeblich in seinem kaputten Reifen gesteckt hatte.

»Genau so«, fauchte er, »fängt das an bei den Terroristen.«

Er verlangte ein Geständnis. Unsere Klasse schien er dabei besonders im Verdacht zu haben. Er schritt durch die Bankreihen und beäugte jeden einzelnen von uns argwöhnisch. Bei manchen nickte er, bei anderen klopfte er ein- oder zweimal mit den Fingern auf die Tischplatte. Er schien eine Art Vorauswahl zu treffen. Mich hatte er dabei offensichtlich nicht auf seiner Liste. Ohne erkennbare Regung zog er an mir vorbei. Lars saß zwei Tische weiter. Ich lehnte mich ein Stück nach vorne und beobachtete ihn von der Seite. Obwohl Herr Imhofer auch bei ihm klopfte, blieb er ganz ruhig.

»Gut«, sagte Herr Imhofer, »wie ihr wollt. Aber dann ziehen wir ab heute andere Saiten auf.«

Er ging zurück zu seinem Pult, öffnete seine Aktentasche und zog einen Stapel Blätter heraus. Jeder wußte, was das bedeutete. Ich sah, wie Lars blaß wurde. Ein einziger verhagelter Test, und er konnte seine Englischnote endgültig vergessen. Auch Hartmut fing an, zappelig in der Gegend rumzugucken. Hastig öffnete er sein Englischbuch und versuchte sich schnell noch ein paar letzte Vokabeln einzutrichtern. Was ihn und seine Versetzungsnöte anging, hielt sich mein Mitleid in Grenzen. Von mir aus sollte er ruhig sitzenbleiben. Seine Schimpansennummer und all die anderen Hänseleien würden mir jedenfalls nicht sonderlich fehlen.

Ich selbst konnte dem Test einigermaßen gelassen entgegensehen. Ich stand so glatt auf Vier, daß mir noch nicht einmal eine Sechs etwas anhaben konnte. Es tat gut, die anderen zittern zu sehen. Selbst Lars tat mir mit einem Mal nicht mehr sonderlich leid. Noch nicht einmal als er beim Spicken erwischt wurde. Dabei bedeutete das bei Herrn Imhofer ohne Gnade eine Sechs. Obwohl ich mir sicher war, daß Lars die Hosen gestrichen voll hatte, versuchte er in der Pause den Coolen zu spielen. Wahrscheinlich, behauptete er, hätte er ohnehin eine Sechs geschrieben, da sei er eben volles Risiko gegangen.

»What shalls«, tönte er, »der Immi tut doch nur so scharf. Am Ende haut der ja doch keinen in die Pfanne.«

Hartmut schien sich da nicht so sicher zu sein. Zwar hatte Herr Imhofer sein Blatt nicht vor der Zeit eingezogen, aber bei nur sechs von zwanzig Wörtern kam das vermutlich aufs gleiche heraus.

»4,6«, jammerte er, »mit einer Sechs stehe ich auf 4,6.«

Fassungslos starrte er auf die Anzeige seines Taschenrechners.

»Ich bin geliefert. Mein Alter macht mich fertig.«

Als einziger in unserer Klasse war Hartmut schon einmal sitzengeblieben. Ein zweites Mal war gleichbedeutend mit einem Abstieg in die Realschule, in der nach verbreiteter Meinung die Halbidioten unterrichtet wurden. In der Hauptschule schließlich saßen die Vollidioten. Sie hatten einen eigenen Schulhof, und auch sonst ging man ihnen besser aus dem Weg. In der Fußball-Bundesliga war eine Absteigermannschaft im darauffolgenden Jahr gleich noch einmal abgestiegen. In der Zeitung hatte man das *Durchreichen* genannt und sich darüber lustig gemacht. Ich stellte mir vor, wie auch Hartmut bis in die Hauptschule durchgereicht würde. Dann wäre er endlich dort, wo er schon immer hingehörte: bei den Vollidioten.

Schon am nächsten Tag bekamen wir den Test korrigiert zurück. Obwohl mein Blatt erschreckend Rot war, hatte es immerhin noch für eine Vierbisfünf gereicht. Mein Schnitt war damit allerhöchstens auf 4,1 abgerutscht. Im Zeugnis würde davon nichts mehr zu sehen sein. Ich drehte mich um und schaute zu Hartmut. Unser großer Klassenheld war den Tränen nahe. Er hatte in der Tat eine Sechs geschrieben.

»Na, Hummel«, sagte Herr Imhofer, die Arme vor ihm auf den Tisch gestützt, »jetzt haben wir wohl das große Nervenflattern, was?« Und an die ganze Klasse gewandt fügte er hinzu: »Vielleicht fällt euch ja doch noch ein, wer mir den Reifen zerstochen hat. Dann ist der Test hier auch ganz schnell wieder vergessen.«

Wieder zog er den rostigen Nagel aus seiner Brusttasche. Er schien ihn wie einen Talismann immer bei sich zu tragen.

»Na, keiner eine Idee? Ihr werdet euren Klassenkameraden doch wohl nicht so hängen lassen.«

Er drehte sich einmal um sich selbst und nickte dabei bedeutungsvoll. Es sah ganz danach aus, als ob er sich für den Fall, daß sich keiner meldete, bereits die nächste Gemeinheit ausgedacht hatte. Ein verwegener Gedanke schoß mir durch den Kopf. Ich könnte aufstehen und die ganze Geschichte auf mich nehmen. Lars und Hartmut wären vor dem Sitzenbleiben gerettet, und ich wäre von einem Moment auf den anderen der Held der ganzen Klasse. Vermutlich würde man mich auf Händen über den Schulhof tragen. Und ganz gleich, ob Hartmut nun ein Idiot war oder nicht – würde ich ihm aus der Patsche helfen, konnte er sich in Zukunft wenigstens nicht mehr über mich lustig machen. Schließlich war ich dann so etwas wie sein Lebensretter, und er mußte mir für immer dankbar sein. Ohne noch weiter nachzudenken, stand ich auf.

»Ich war's«, sagte ich, »ich habe den Nagel in ihren Reifen gestochen.«

Grabesstille breitete sich über das Klassenzimmer aus. Es dauerte keine fünf Sekunden, und mir war klar, daß ich einen Riesenfehler begangen hatte. Erst recht, als ich drei Minuten später im Zimmer von Herrn Helmrich saß und tatenlos mitansehen mußte, wie sein haariger Zeigefinger die Nummer meiner Eltern wählte. Seine Augen, die drohend unter buschigen Brauen hervorblitzten, vertrieben jeden Fluchtgedanken. Zudem wartete Frau Seliger, Herrn Helmrichs Sekretärin, im Vorzimmer nur darauf, mich zu schnappen und, breit über ihr Mopsgesicht strahlend, zurück ins Direktorenzimmer zu schleifen. Frau Seliger wartete ständig auf irgend etwas, mit dem sie bei Herrn Helmrich Pluspunkte sammeln konnte. Die Gelegenheit, einen Reifenstecher auf der Flucht zu stellen, würde sie sich kaum entgehen lassen.

»Mit Strolchen wie dir«, sagte Herr Helmrich, »fackeln wir nicht lange. Das kannst du dir hinter die Ohren schreiben!«

Ich schlug meine Augen nieder und nickte. Es sah nicht gut aus.

Als wenig später meine Mutter im Direktorenzimmer auftauchte, schien auch sie mir auf einmal buschige Augenbrauen zu haben. Ihr Blick jedenfalls war genauso drohend wie der von Herrn Helmrich. Ich versuchte, mein Geständnis zurückzunehmen, faselte von Wichtigtuerei und einem angeblichen Alibi, das ich spätestens morgen vorlegen könnte, aber noch nicht einmal meine Mutter schien mir zu glauben. Mit zitternder Stimme redete sie auf Herrn Helmrich ein. Sie verfiel in wahre Lobeshymnen über mich, die ich so von ihr noch nie gehört hatte. Irgendwann brachte sie sogar mein Kinderzimmer ins Spiel. Sie behauptete, ich sei der ordentlichste Junge, den man sich nur vorstellen könne. Die Lage schien wirklich ernst zu sein.

An Herrn Helmrichs Augen glaubte ich zu erkennen, daß er meiner Mutter die Musterknabengeschichte nicht abnahm. Immer wieder zog er seine linke Augenbraue hoch. Ich dachte nicht, daß ich für mein Geständnis ins Gefängnis kommen würde, aber vermutlich mußte ich damit rechnen, vor irgendein Schulgericht gezerrt zu werden. Wahrscheinlich auf dem Oberschulamt, das immer dann zuständig war, wenn es um ganz besondere Sachen ging. Herr Helmrich stand auf und kam um seinen Schreibtisch herum auf uns zu. Mit seiner haarigen Pranke umfaßte er Mutters Hand.

»Der Reifen«, sagte er, »geht natürlich auf Ihre Kosten. Was den Rest angeht, werden wir sehen.«

Meine Mutter versuchte zu lächeln. Es war dasselbe Lächeln wie an dem Tag, als mein Opa ins Krankenhaus kam und sie zu Anka und mir sagte, daß er bestimmt bald wieder gesund sein würde. Drei Tage später war er tot. Vermutlich rechnete auch sie mit einer Verhandlung vor dem Schulgericht, vielleicht sogar mit Schlimmerem. Ich war froh, als wir endlich aus dem Direktorenzimmer draußen waren. Der Unterricht war für mich beendet. Wortlos trottete ich neben meiner Mutter zum Parkplatz. Ich wußte, daß der Tag für mich noch nicht ausgestanden war.

Daß Mutter total sauer auf mich war, erkannte ich daran, daß sie auch daheim kein Wort mit mir sprach. Ich ging auf mein Zimmer und zog es vor, erst einmal nicht mehr nach unten zu gehen. Gegen sechs würde mein Vater nach Hause kommen. Vielleicht sollte ich mein Zimmer bis dahin in eine Festung verwandeln. Ich konnte meinen Schrank vor die Zimmertür schieben, das hatte ich in einem Spielfilm im Fernsehen gesehen. Der Frau, die sich so in ihrem Zimmer verschanzt hatte, hatte das allerdings nicht viel genützt. Sekunden später bereits krachte die Klinge einer Axt durch die Schranktür. Die Frau schrie wie am Spieß. Solange, bis sich ihr Verfolger den Weg endgültig freigehackt hatte und wie ein Wilder auf sie stürzte. Auch wenn ich nicht glaubte, daß mein Vater wegen der Reifensache unser Haus kurz und klein schlagen würde, half mir die Idee mit dem Verbarrikadieren kaum weiter. Meine Eltern konnten mich ganz einfach aushungern. Mit der Banane, die mir vom Pausenvesper übriggeblieben war und einer halben Packung Treets, die ich noch hinter meinen Büchern im Regal liegen hatte, würde ich allenfalls bis zum nächsten Morgen durchhalten. Es war sinnlos.

Den ganzen Nachmittag beobachtete ich, wie der Zeiger meines Weckers unaufhaltsam auf sechs Uhr zuraste. Meine Gedanken überschlugen sich. Die Strafen, die mich erwarteten, reichten von lebenslangem Taschengeldentzug bis hin zur endgültigen Abschiebung in ein Erziehungsheim. Drei Wochen vor den Sommerferien konnte man dort fürs neue Schuljahr bestimmt noch angemeldet werden. Ich begann zu zittern. Jeder wußte, daß die Kleineren in solchen Heimen regelmäßig verprügelt wurden. Mit meinen ein Meter achtundvierzig hätte ich da nicht den Hauch einer Chance. Ich sah mich bereits mit blauen Augen und blutiger Nase in der Ecke eines weiß gekachelten Kloraums liegen, als die Tür aufflog und mein Vater hereingestürmt kam.

»Ich war's nicht«, rief ich, »ehrlich, ich war's nicht. Es war jemand anders, ich hab mich nur wichtig machen wollen«, aber da hatte ich schon eine Ohrfeige im Gesicht kleben.

»Das war Nummer eins«, brüllte mein Vater, »zweitens zahlst du den Reifen von deinem Sparbuch, drittens ist dein Geburtstag gestrichen und viertens hast du bis zu den Ferien Hausarrest.«

Sein ganzes Gesicht bebte. Ich konnte mich nicht erinnern, ihn jemals so wütend gesehen zu haben. Auch als sein Donnerwetter verstummt war, bewegten sich seine Lippen weiter. Er sah aus wie ein Fernsehsprecher, dem man den Ton abgedreht hatte. Ich befürchtete, daß er seine Strafliste noch um ein paar häßliche Punkte erweitern würde, sobald er seine Stimme wiedergefunden hatte. Statt dessen sagte er: »Ich bin enttäuscht von dir, Jakob, sehr enttäuscht.«

Kopfschüttelnd drehte er sich um und ging aus dem Zimmer. Ich faßte mit der Hand nach meiner Backe. Vaters Ohrfeige brannte noch immer. Trotzdem atmete ich auf. Das Wort Heim war nicht gefallen, alles andere ließ sich irgendwie ertragen. Ärgerlich war nur, daß ich an meinem Geburtstag eine große Party hatte machen wollen. Mit Mädchen und allem drum und dran. Das konnte ich mir jetzt natürlich abschminken. Was mir blieb, war die Aussicht auf den nächsten Tag. Da mich meine Mutter aus dem Direktorenzimmer direkt nach Hause geschleppt hatte, hatten meine Klassenkameraden noch keine Zeit gehabt, mich für meine Rettungstat hochleben zu lassen. Mit süßen Bildern von gewaltigen Jubelszenen schlief ich ein.

Als ich am nächsten Morgen in die Schule kam, war dort alles wie immer. Keiner schien sich an den letzten Tag zu erinnern. Nur Volker fragte mich kurz, ob es Ärger gegeben hätte, aber im selben Augenblick wurde er von einem umherfliegenden Tennisball getroffen. Ohne noch eine Antwort von mir abzuwarten, schnappte er sich den Ball und stürzte sich damit ins Getümmel.

Ich vermutete, daß die Feierlichkeiten auf die erste Hofpause verlegt worden waren, aber als die dritte Stunde anfing, war noch immer nichts geschehen. Selbst Herr Imhofer verlor in seiner Englischstunde kein Wort über den letzten Tag. Ich glaubte zu erkennen, daß der Nagel aus seiner Brusttasche verschwunden war. Ganz offensichtlich war die Angelegenheit mit dem Gang zum Direktor für ihn erledigt. Selbst mich behandelte er wie immer. Ich hoffte, daß er wenigstens etwas über den Test sagen würde, aber auch darüber schwieg er. Ob er nun zur Zeugnisnote zählte oder nicht, blieb sein Geheimnis.

Nach der zweiten Hofpause war auch meine letzte Hoffnung auf eine angemessene Belohnung für meine Heldentat dahin. *Undank ist der Welt Lohn*, hatte ich meine Oma ein paarmal seufzend sagen hören. Meistens dann, wenn ich vergessen hatte, mich ordentlich für ihr Geburtstags- oder Weihnachtsgeschenk zu bedanken. Erst jetzt wurde mir so richtig klar, was sie damit meinte.

Nach der sechsten Stunde passierte doch noch etwas. Hartmut hielt auf dem Nachhauseweg mit seinem Bonanza-Fahrrad neben mir an und streckte mir seine Hand entgegen. Ich schlug ein.

»Danke noch für gestern«, sagte er, »war cool.«

Er nickte mir zu und ließ mich los. Ich nickte zurück. Dann trat er wieder in die Pedale und rauschte davon. Das war nicht viel für drei Wochen Hausarrest, meinen gestrichenen Geburtstag, ein geplündertes Sparbuch und eine Ohrfeige, aber es war immerhin mehr als nichts. Von Lars hatte ich am Ende nicht einmal das bekommen, und als er drei Wochen später tatsächlich sitzenblieb, tat er mir kein bißchen leid. Zwar hatte er in Englisch am Ende doch noch eine Vier bekommen, aber dafür war er von einer Fünf in Mathe überrascht worden. Er flennte wie eine Memme und mußte von den Mädchen getröstet werden. Hartmut hingegen hatte es geschafft. Ich hoffte, er würde sich noch ein zweites Mal bei mir bedanken, dieses Mal vielleicht sogar vor versammelter Klasse, aber er war so mit seinen Jubelausbrüchen beschäftigt, daß er gar nicht mehr daran dachte.

Meine Französisch-Fünf ging in der Erleichterung meiner Eltern darüber unter, daß die Schule meine Reifenstecherei als Dummejungenstreich abgetan hatte. Man beließ es bei einer schriftlichen Ermahnung. Obwohl mein Zeugnis das schlechteste meiner ganzen Laufbahn war, gab mir Vater zehn Mark.

»Als Anreiz«, sagte er, »nicht als Belohnung, verstanden?«

Ich nickte.

Erst am Abend erfuhr ich, daß auch Anka sitzengeblieben war. Ich war völlig ahnungslos gewesen, daß es bei ihr überhaupt auf der Kippe gestanden hatte. Vermutlich hatten das noch nicht einmal meine Eltern gewußt. Jedenfalls schienen sie aus allen Wolken zu fallen, als sie den alles entscheidenden Satz lasen. Meine Mutter ging in die Küche und trank einen Cognac. Vater rannte derweil kopfschüttelnd im Wohnzimmer auf und ab.

»Jetzt wird's ernst, meine Liebe«, murmelte er, »jetzt wird's ernst.«

Mehr sagte er nicht.

Was mich anging, hätte ich Anka für ihr Zeugnis umarmen können. Es schien mir weitaus bequemer zu sein, schlechte Vorbilder in der Familie zu haben als gute. Jedes *Nimm dir mal ein Beispiel an Anka* würde so in Zukunft verpuffen. Als Belohnung kaufte ich ihr von meinem Zeugnisgeld eine kleine Schachtel Pralinen, aber Anka wollte von Geschenken nichts wissen. Ungeöffnet schmiß sie mir die Schachtel hinterher und knallte ihre Tür zu. Zum Glück hatte ich meine Lieblingssorte besorgt. Ich verzog mich in mein Zimmer und aß die Pralinen selber auf. Dazu trank ich einen großen Bierkrug Orangensaft. Es war meine ganz private Zeugnisfete. Immerhin hatte ich es in Mathe und Betragen am Ende doch noch auf eine Zwei geschafft. Und das, so fand ich, mußte schon ein bißchen gefeiert werden.

Hot Legs

Die Ferien waren langweilig. Ferien taugten nur dann wirklich etwas, wenn man wegfuhr oder die Freunde auch zu Hause blieben. Ansonsten war einfach nichts los. Noch kurz vor Pfingsten hatte es geheißen, wir würden nach Österreich fahren. Wie immer ohne Anka, die mit ihren Freundinnen wieder auf ihren Reiterhof gehen wollte. Österreich war natürlich nicht so gut wie Italien oder Spanien, aber es war auf alle Fälle besser, als zu Hause zu bleiben und auf Franks und Volkers Rückkehr zu warten. Jetzt, zu Beginn der Ferien, war nicht einmal mehr von Österreich die Rede. Unser neues Reiseziel hieß Balkonien und stand in keinem Reiseprospekt. Ich versuchte, Frank und Volker nicht zu beneiden, aber das war so gut wie unmöglich.

Franks Eltern hatten einen Wohnwagen mit allem Schnickschnack, den man sich nur vorstellen konnte. Sogar einen Fernseher und eine Stereoanlage gab es. Frank hatte ihn mir im letzten Herbst vorgeführt. Wir hatten ferngesehen und Erdnußflips geknabbert. Solange, bis Franks Mutter hereingeschneit kam und uns zur Schnecke machte. Der Wohnwagen sei für den Urlaub und nicht zum Spielen da, und wer denn jetzt die ganze Sauerei wegmache. Tatsächlich waren die Sofakissen und der Teppichboden voll mit gelben Krümeln. Franks Mutter knipste den Fernseher aus und drückte uns Wischlappen und Staubsauger in die Hand.

»Aber alles picobello!«

Wir nickten. Zehn Minuten später sah alles aus wie geleckt. Das mußte sogar Franks Mutter zugeben. Trotzdem hielt sie den Schlüssel seitdem vor ihm versteckt.

In diesem Jahr fuhr Frank mit seinen Eltern nach Südschweden. An dem Strand, der zu ihrem Campingplatz gehörte, mußte man nackt baden. Frank freute sich darauf. Daß alle Welt seinen Hakenpimmel zu Gesicht bekommen würde, schien ihn nicht zu stören.

»Denk doch nur, die ganzen Dinger, die man da zu sehen kriegt.«

Er hielt sich die Hände vor seine Brust und schnalzte mit der Zunge. Vielleicht hatte er vor, nur auf dem Bauch zu liegen. So konnte er sich in aller Ruhe umsehen, ohne selbst zuviel herzeigen zu müssen. Wahrscheinlich würde er mit braunem Rücken und weißem Bauch zurückkommen und aussehen wie ein gegrilltes Schweineschnitzel, das man vergessen hatte umzudrehen.

Volker verbrachte einen Großteil der Ferien bei den Pfadfindern. Sie nannten das Sommerlager und schliefen dabei in großen Gruppenzelten, durch die es immer wieder hereinregnete. Volker behauptete, das sei ein richtiges Abenteuer, aber mir kam es eher wie Billigurlaub vor. Ich hatte getönt, wir würden in ein Vier-Sterne-Hotel fahren, mit Schwimmbad, Tischtennisraum und Fernseher auf dem Zimmer. Jetzt stand ich ziemlich nackt da. Nackter noch als Frank in Schweden. Billigurlaub im Gruppenzelt war immer noch besser als gar kein Urlaub, da mußte ich Volker schon recht geben.

Was Lars machen würde, wußte ich nicht, und ich beschloß, daß mich das auch gar nicht mehr interessierte. Lars war nicht mehr mein Freund und außerdem seit den Zeugnissen eine Klasse unter mir. Was sollte ich mich da noch länger mit ihm abgeben.

Weder Vater noch Mutter verloren ein Wort darüber, warum wir in diesem Jahr nicht wegfuhren. Am Geld konnte es kaum liegen. Schließlich hatte es im letzten Jahr auch gereicht, und ich konnte mir nicht vorstellen, daß mein Vater inzwischen weniger verdiente.

»Zu Hause ist es doch auch schön.« behauptete meine Mutter.

Das schien mir so ziemlich das Dämlichste zu sein, was einem dazu einfallen konnte.

Auch Anka blieb zu Hause, obwohl sie das Geld für den Reiterhof selbst zusammengespart hatte. Vielleicht fand sie es zu Hause auch schön, aber so mies, wie sie gelaunt war, schien mir das eher unwahrscheinlich zu sein. Sie tauchte kaum noch aus ihrem Zimmer auf und wenn, dann machte sie ein grimmiges Gesicht. Mein Vater verbrachte die Ferien im Büro. Angeblich wollte er dort während der Urlaubszeit ein paar liegengebliebene Arbeiten erledigen. In aller Ruhe, wie er sagte. Ein bißchen, so fand ich, roch die Sache nach Faulenzen, aber das behielt ich lieber für mich. Meine Mutter verbrachte die meisten Tage auf dem Tennisplatz. Das hatte sie auch früher schon getan, aber jetzt kam sie noch nicht einmal mehr zum Mittagessen nach Hause. Da Anka sich weigerte, für mich zu kochen, lebte ich fast nur noch von Marmeladenbroten und Ravioli aus der Dose. Mit vier Sternen hatten meine Ferien wirklich nichts zu tun.

Um nicht völlig tatenlos herumzusitzen, begann ich erneut, Erkundungstouren durchs Haus aufzunehmen. Obwohl ich fast den ganzen Tag freie Bahn hatte, fand ich nichts, was sich wirklich gelohnt hätte. Ich überlegte, statt dessen Anka zu ärgern, als ich auf einem letzten Rundgang im Schreibtisch meines Vaters doch noch eine Entdeckung machte. Unter einem Ordner mit Bankauszügen und einem Stapel mit braunen Briefumschlägen fand ich ein glänzendes Heftchen, auf dem eine Frau mit durchsichtigem BH abgebildet war. Ich hätte schwören können, daß es an Ostern noch nicht dagelegen hatte. Die Frau hatte ihren Kopf ein Stück nach hinten geworfen und fuhr sich mit der Zunge über die angemalten Lippen. Über ihrem Kopf standen mit brennenden Buchstaben die Worte *Hot Legs*. Hot Legs hieß soviel wie heiße Füße, aber schon nach den ersten Seiten war mir klar, daß Füße in dem Heftchen keine allzugroße Rolle spielten. Die Frauen waren alle völlig nackt oder trugen nur Strümpfe oder albern aussehende Gürtel. Auf eine blonde folgte eine dunkelhaarige und auf eine dunkelhaarige wieder eine blonde. Es schien eine Art Gesetz zu sein. Manche kreuzten die Arme vor ihren Brüsten, so daß man kaum etwas sehen konnte. Andere saßen im Schneidersitz oder hatten die Beine angezogen. Wieder andere waren nur von hinten abgebildet und grinsten frech über ihre Schulter.

Eine der Frauen hatte Brüste so groß wie Fußbälle. Das war wahrscheinlich eine Trickaufnahme. Tilmann hatte mir einmal die Kamera seines Vaters vorgeführt, durch die alles viel größer aussah als normal. Wahrscheinlich war das der Trick. Auf den restlichen Seiten gab es Brüste in allen Größen. Ich versuchte, mir die schönsten auszusuchen, aber das war gar nicht so einfach. Selbst die kleineren Exemplare schienen mir mit einem Mal ihre Vorzüge zu haben. Vielleicht hatte Ankas Buch am Ende doch recht. Besonders unglücklich sahen die Frauen mit den kleinen Busen jedenfalls nicht aus.

Auch was die Haare zwischen den Beinen anging, gab es Unterschiede. Manche hatten nur einen schmalen Streifen, andere einen richtig dichten Buschen. Die meisten waren braun oder schwarz, auch bei denen, die eigentlich rote oder blonde Haare hatten. Eine einzige hatte blonde Haare auch zwischen den Beinen, ausgerechnet die aber hatte einen schwarzen Lockenkopf. Es paßte irgendwie nicht recht zusammen.

Von dem, was sich unter den Haaren verbarg, sah man nichts. Offiziell hieß die Sache Scheide, aber unter uns Jungs nannten wir es einfach nur Schlitz. Wir redeten sehr leise darüber und nur, wenn keines der Mädchen in der Nähe war. Selbst Hartmut hielt sich daran. Er behauptete, der Schlitz sei heiß und feucht und dufte nach frischen Rosen. Das jedenfalls hatte er in einem Buch gelesen, das bei seinem Vater auf dem Nachttischchen gelegen hatte. Im Lexikon stand darüber nichts, aber das mußte nicht viel bedeuten. Dort stand noch nicht einmal etwas über Bumsen, und daß das keine Erfindung war, hatte ich schließlich mit eigenen Augen gesehen.

Auch mit der Lupe, die auf Vaters Schreibtisch lag, konnte ich keinen einzigen Schlitz erkennen. Ich vermutete, daß die Frauen vor den Aufnahmen ihre Haare darübergekämmt hatten. Vielleicht schämten sie sich, auch noch das letzte von sich herzuzeigen. Warum sie dann allerdings überhaupt solche Fotos von sich machen ließen, war mir ein Rätsel. Wahrscheinlich bekamen sie viel Geld dafür. Für eine Million, überlegte ich mir, würde ich mich auch überreden lassen. Allerdings hatte ich noch immer keine Haare, die ich mir über meinen Pimmel hätte kämmen können. Das machte die Sache doppelt peinlich. Ich erhöhte auf zwei Millionen, aber selbst das schien mir am Ende noch zu wenig zu sein. Die Leute würden ein Leben lang mit Fingern auf mich zeigen, und was das bedeutete, konnte ich mir ziemlich genau ausmalen.

Als ich das Heftchen zurück in die Schublade legte, wußte ich nicht mehr, wie die Briefumschläge und der

Ordner mit den Bankauszügen obenauf gelegen hatten. Vielleicht hatte sich mein Vater die Lage genau gemerkt und würde schon an der kleinsten Veränderung erkennen, daß jemand an seinem Schreibtisch gewesen sein mußte. Daß die Schublade verbotenes Gebiet war, wußte ich nicht erst seit meiner Entdeckung.

Wenigstens für die Umschläge glaubte ich nach kurzem Nachdenken die richtige Lage gefunden zu haben. Sie füllten fast die ganze Breite der Schublade aus, und ich erinnerte mich, daß die Klebelaschen nach oben gezeigt hatten. Was die Bankauszüge anging, war ich ratlos. Ich wußte nicht einmal mehr, ob der Rücken des Ordners nach vorne, nach hinten oder zur Seite gezeigt hatte. Unschlüssig schob ich die Auszüge hin und her. Von oben hörte ich Ankas Tür. Hastig zog ich meine Hand aus der Schublade und schob sie zu. Ich sprang zurück ins Wohnzimmer und setzte mich aufs Sofa. Mit der Fernsehzeitschrift in der Hand versuchte ich auszusehen wie immer. Anka trottete in die Küche, trank ein Glas Wasser und ging wieder nach oben. Sie sah aus, als ob sie geheult hätte. Ich hörte, wie sie ihre Zimmertür leise ins Schloß zog. Im selben Augenblick kam meine Mutter vom Tennisplatz zurück. Schon von der Tür aus warf sie mir einen Blick zu, der mir irgendwie mißtrauisch vorkam.

»Und«, fragte sie, »was hast du so getrieben.«

»Och«, sagte ich und hielt die Fernsehzeitung hoch, »Heftchen angeschaut.«

Obwohl das nicht vollständig gelogen war, merkte ich, wie ich anfing zu schwitzen. Zum Glück fragte meine Mutter nicht weiter und verschwand zum Duschen ins Badezimmer. Ich wartete, bis ich das Wasser laufen hörte und schlich mich erneut in Richtung Schreibtisch. Im selben Moment tauchte Anka ein zweites Mal aus ihrem Zimmer auf. Sie kam die Treppe herunter und machte es sich mit einem Reiterheftchen im Eßzimmer bequem. So etwas hatte sie seit Wochen nicht mehr getan. Es blieb mir nichts anderes übrig, als mich zurück aufs Sofa zu setzen und weiterzuschwitzen.

Mein Schwitzen steigerte sich zu wahren Hitzeanfällen, als sich mein Vater am Abend über Stunden hinter seinem Schreibtisch niederließ. Jeden Moment konnte er die Schublade öffnen und meine Schnüffelei entdecken. Ich beschloß, im Falle eines Falles alles abzustreiten. Schließlich konnte er mir nichts beweisen. Der Ordner konnte ihm genausogut beim Aufziehen der Schublade verrutscht sein. Trotzdem schwitzte ich weiter. Ich schwitzte sogar noch, als ich bereits im Bett lag und meinen Vater die Treppe heraufkommen hörte. Wenn er vor meiner Tür stehenblieb, war ich vermutlich geliefert. Erleichtert hörte ich seine Schritte an meinem Zimmer vorbeigehen.

Es dauerte geschlagene zwei Wochen, bis ich mich das nächste Mal an seine Schublade traute. Dieses Mal war ich mit meinem Geodreieck und einem Zettel bewaffnet. Ich zeichnete mir ganz genau die Lage des Ordners auf und maß die Abstände zu den Kanten der Briefumschläge. Jeder Millimeter zählte. Ich glaubte nicht, daß mein Vater ein genaueres Meßsystem hatte. So konnte eigentlich gar nichts mehr schiefgehen. Meine Notizen ließ ich im Anschluß an meine Erkundungen im Klo verschwinden. Auch wenn der Zettel schon lange nicht mehr zu sehen war, machte ich zur Sicherheit noch ein paar Extraspülungen.

Bald schon kannte ich die Namen der Frauen, die in Schreibschrift über den Bildern standen, im Schlaf. Auch die Reihenfolge, in der sie erschienen, wußte ich auswendig. Immer wieder zog mich dabei ganz besonders das Bild mit den Fußballbrüsten an. Obwohl sie ziemlich schauderhaft waren, konnte ich es nicht lassen, das Heftchen genau dort aufzuschlagen. Vielleicht war das Ganze gar kein Trick sondern eher eine Art Mißbildung. So etwas ähnliches wie Franks Hakenpimmel, nur in groß.

Nach den Ferien erzählte ich Frank und Volker von meiner Entdeckung. Sie wollten das Heftchen sofort sehen, aber das ging natürlich nicht, weder sofort noch später. Ich bereute, daß ich ihnen überhaupt davon erzählt hatte. Um so mehr, als am nächsten Tag die halbe Klasse davon wußte. Frank und Volker behaupteten steif und fest, daß sie dicht gehalten hätten. Wahrscheinlich logen sie beide.

Alle wollten das Heftchen sehen. Nach der ersten Hofpause hatte ich fünf Anmeldungen, nach der zweiten waren es bereits zwölf. Hartmut hatte jede Dankbarkeit mir gegenüber in den Ferien gelassen. Er drohte mit einem anonymen Brief an meinen Vater, wenn ich mich zickig stellte. Ich hatte keine Wahl. Das einzige, was mir blieb, war zu überlegen, ob ich das Ganze besser in einem einzigen Riesenansturm erledigte, oder ob ich mich auf die Qual von zwölf Einzelbesuchen einlassen sollte. In meiner Not entschied ich mich für kleine Gruppen zu je drei. Ich verteilte die Besuche auf vier Nachmittage, an denen meine Mutter in ihren Kalender Termine eingetragen hatte. Es war eine einzige Tortur. Jedes Lachen, jedes unanständige Wort, noch das Schleichen der vielen Socken über den Teppichboden, würde für immer an den Wänden kleben.

Auf den Seiten des Heftchens klebten unterdessen tausende von Fingerabdrücken. Ich brauchte nach jeder Runde fast eine halbe Stunde, bis ich alle Spuren beseitigt hatte. Immerhin schienen meine Klassenkameraden mächtig beeindruckt zu sein. Selbst Hartmut pfiff anerkennend durch die Zähne. Mehrfach gab er fachmännische Kommentare ab. Bei der Frau mit den Fußballbrüsten glaubte auch er an eine Trickaufnahme.

»Solche Titten«, sagte er, »gibt's in ganz Europa nicht.«

Einzig Benny, der deutlich sichtbar einen Steifen in seiner Hose hatte, wollte bis zum Schluß glauben, daß die Dinger echt waren.

»Träume«, sagte Tilmann und tätschelte ihm den Kopf, »nichts als Träume.«

Nur mit Mühe konnte ich verhindern, daß er und Frank in donnerndes Gelächter ausbrachen.

Erst nachdem ich auch die letzte Gruppe hinter mich gebracht hatte, wurde mir klar, daß mein Schicksal jetzt erst recht in den Händen meiner Klassenkameraden lag. Dabei mußte es noch nicht einmal ein anonymer Drohbrief oder sonst eine Gemeinheit sein. Es reichte schon ein kleiner Versprecher an irgendeinem Abendbrottisch, und die Sache konnte von einem Moment auf den nächsten auffliegen. Die Folgen waren unüberschaubar. Vermutlich würde das meiste an meinem Vater hängenbleiben. Schließlich war es sein Heftchen, das so offen in seinem Schreibtisch herumlag. In kürzester Zeit wüßte es das ganze Dorf, daß mein Vater nackte Frauen anguckte. Ich glaubte nicht, daß Mutter ihm das je verzeihen würde. Vielleicht war das noch schlimmer, als eine Freundin zu haben. Für den Fall, daß die Sache hochging, wollte ich jedenfalls nicht in seiner Haut stecken.

Was meine Haut anging, sah die Sache nicht viel besser aus. Eine Zeitlang war ich auf alles gefaßt. Mein Schwitzen wurde zu einer Art Dauerzustand. Erst als nach einem Monat noch immer nichts passiert war, gab ich langsam Entwarnung. Mein Vater hatte nichts gemerkt, und meine Klassenkameraden hatten offensichtlich dichtgehalten.

Daß ich ein paar Wochen später doch noch aufflog, hatte weder mit Hartmut noch mit irgendeinem der anderen zu tun. Es war meine eigene Vorsicht, die mir zum Verhängnis wurde. Ich hatte meinen Zettel mit den Abstandsmaßen auf dem Schreibtisch liegenlassen, und mein Vater hatte ihn gefunden. Er war stutzig geworden und hatte mich zur Rede gestellt. Ich verwickelte mich dermaßen in Lügengeschichten, daß ich am Ende alles zugeben mußte. Das erwartete Donnerwetter blieb zu meiner großen Verwunderung aus. Ich mußte Vater nur versprechen, in Zukunft die Finger von seinem Schreibtisch zu lassen. Im Gegenzug versprach er mir, daß die Sache unter uns bleiben würde. *Unter Männern*, wie er mit einem Augenzwinkern betonte. Es war das einzige Geheimnis, das wir je miteinander hatten.

Ein paar Wochen später schaute ich noch einmal in seiner Schublade nach. Die Umschläge und die Bankauszüge waren an ihrem alten Platz, das Heftchen aber war verschwunden. Obwohl ich auch an anderen Stellen gründlich suchte, fand ich es nicht wieder. Vielleicht hatte es mein Vater weggeschmissen, oder aber er hatte es im Büro versteckt, als kleine Ablenkung für die Pausen. Zum Glück hatte ich die Bilder der Frauen noch genau im Kopf. Sogar die meisten der Namen wußte ich noch. Und die Fußballbrüste, da war ich mir sicher, würde ich mein ganzes Leben lang nicht mehr vergessen.

Schwuli

In der Klasse begannen alle in die Höhe zu schießen. Sogar Benny hatte in den letzten Monaten ein bißchen zugelegt. Seitdem sah er auch längst nicht mehr so fett aus. Jahrelang hatte er ernsthaft behauptet, er sei gar nicht zu dick, sondern nur zu klein für sein Gewicht. Was immer wie ein alberner Witz geklungen hatte, schien sich jetzt zu bewahrheiten. Manche waren innerhalb eines Jahres um fast zehn Zentimeter gewachsen. Bei Hartmut waren es sogar zwölf. Seine letzte Messung hatte angeblich einen Meter vierundsiebzig ergeben. Ohne Schuhe und ohne Zehenspitzen. Er konnte einfach nichts auslassen, um anzugeben.

Der einzige, der nicht zu wachsen schien, war ich. Wahrscheinlich war ich mittlerweile der Kleinste der ganzen Klasse. Selbst die meisten der Mädchen waren größer als ich. Auf den Geburtstagspartys, auf denen inzwischen auch getanzt wurde, war das besonders peinlich. Bei manchen der Mädchen war mein Gesicht nur knapp oberhalb des Busens. Ich war mir sicher, daß das ziemlich lächerlich aussehen mußte. Hartmut grinste mich immer wieder blöd an und bedeutete mir mit gebleckten Zähnen zuzubeißen. Die Brüste direkt vor Augen, war das tatsächlich verlockend. Bei Franks Geburtstagsparty sah ich mich so zum ersten Mal im Spiegel. Ich tanzte Stehblues mit Ulrike, dem größten Mädchen in unserer Klasse. Den Kopf zur Seite gedreht, schaffte ich es nur mit Mühe, meine Backe auf Abstand zu halten. Es sah in der Tat lächerlich aus.

Ich wußte, daß manche Menschen ab einem bestimmten Alter überhaupt nicht mehr wuchsen. Immer wieder sah man solche Zwerge auf der Straße. Einige von ihnen konnten nicht einmal über den Bankschalter oder die Theke des Zeitungskiosks schauen. Der Kioskmann sah von der anderen Seite gerade mal ihre Hand mit dem Geldstück. Beim Fahrstuhlfahren reichten die Zwergenarme nicht weiter als bis zum Alarmknopf, und beim Einkaufen im Supermarkt konnten sie nur das mitnehmen, was in den untersten Regalreihen stand. Das Leben als Zwerg mußte ein einziger Alptraum sein. Zwar hatte ich die eigentliche Zwergen-Hürde bereits genommen, aber bei einem Meter fünfzig stehenzubleiben, war ganz bestimmt auch kein Zuckerschlecken. Ich hatte noch nie von kleinen Menschen gehört, die es wirklich zu etwas gebracht hatten. Bei Olympischen Spielen hatte man als Kleinwüchsiger allenfalls eine Chance als Steuermann im Ruderachter. Aber das war nichts, was wirklich zählte. Vermutlich durfte der Steuermann noch nicht einmal mit aufs Siegerpodest.

Der Einmeterfünzigstrich am Rahmen meiner Kinderzimmertür war im Verlauf der letzten Wochen und Monate zu einem dicken Balken angewachsen. Jedesmal, wenn ich unter dem Buch auf meinem Kopf wegtauchte, zeigte die Kante des Einbands auf dieselbe Bleistiftmarke. Manchmal wurde mir richtig übel dabei. Von Zeit zu Zeit radierte ich den Strich weg, um das Elend nicht so deutlich vor Augen zu haben. Alles deutete darauf hin, daß ich aufgehört hatte zu wachsen. Ich vermutete, daß dazu in Ankas Buch stand, daß auch kleine Menschen glücklich werden konnten, aber das war auch nur wieder einer dieser dämlichen Sprüche. Die Wirklichkeit sah sicher ganz anders aus.

Auch Anka war es in letzter Zeit immer wieder übel. Ich hörte sie manchmal hinter der Badezimmertür kotzen. An der Größe konnte es bei ihr kaum liegen. Sie war schon jetzt größer als Mutter, und wahrscheinlich hatte sie noch gar nicht aufgehört zu wachsen. Auch ihr Busen hatte weiter zugelegt. Nahm man die Fußballbrüste aus Vaters Heftchen nicht weiter ernst, lag sie vermutlich genau im Durchschnitt. Vielleicht hatte sie nur einen schwachen Magen oder wollte nicht dick werden. Frauen machten dafür die sonderbarsten Sachen.

Weil ich nicht wuchs, hieß ich in der Klasse neuerdings nur noch *Shorty*. Das war ein gemeiner Name. Noch gemeiner als *Big Titty*, die längst nur noch *Pi* genannt wurde, und das, obwohl ihre Brüste in der Zwischenzeit nicht gerade kleiner geworden waren. Auch *Miss Ugly* hatte ihren Namen abgelegt. Wenngleich sie nichts von ihrer Häßlichkeit eingebüßt hatte, riefen sie alle wieder Ellen. Es sah ganz danach aus, als ob ich der einzige weit und breit war, der sich mit seinem Namen verschlechtert hatte. Vorübergehend verwandelte sich *Shorty* auch in *Mac* und *Mister Shorty*, aber beide Varianten hielten sich nur wenige Tage.

Das Unglück mit meinen Spitznamen wurde komplett, als an unserer Haustür das *A* unseres Namens abfiel. Wie ein toter Käfer lag der Buchstabe mit der Klebefläche nach oben auf dem Fußabtreter. Statt *PAULI* stand an der Tür jetzt nur noch *P ULI*, und weder mein Vater noch meine Mutter machten irgendwelche Anstalten, den abgefallenen Buchstaben wieder anzukleben. Frank schüttete sich aus vor Lachen, als er mich nachmittags zum Fahrradfahren abholte.

»Puli«, brüllte er, »das klingt ja wie Schwuli.«

»Halt die Klappe!« zischte ich ihn an, aber das schien ihn nur noch mehr anzustacheln.

»Schwuli, Schwuli, Schwuli.«

Wütend knallte ich die Tür zu und ließ ihn draußen stehen. Ich wußte, was ein Schwuli war. Es war nichts, worüber man Witze machte.

Am nächsten Tag war *Shorty* bereits Schnee von gestern. Alle nannten mich nur noch *Schwuli.* Nur ein paar der Mädchen machten nicht mit. Auch Pia hielt sich zurück. Vielleicht hing das mit unserem Kuß auf Sylvias Party zusammen, aber das schien mir mittlerweile schon eine kleine Ewigkeit her zu sein. Ich wollte Frank für seine Gemeinheit im Pausenhof verprügeln, zog aber klar den kürzeren. Nach einem fiesen Schlag in den Magen bekam ich keine Luft mehr und mußte aufgeben. Ich beschloß, ihn bis auf weiteres mit Verachtung zu strafen. Frank schien das nicht weiter zu stören. Nach wie vor war er es, der die meiste Freude an meinem neuen Namen hatte. Jeder Satz, den er an mich richtete, hatte ein *Schwuli* vorne und ein *Schwuli* hinten. Mit der Freundschaft, die wir uns noch in der Woche zuvor auf ewig geschworen hatten, war es endgültig vorbei. Mit einem Verräter wollte ich nichts mehr zu tun haben.

Als Freund blieb mir nur noch Volker. Ich versuchte Frank vor ihm schlecht zu machen, wo immer ich konnte, aber Volker ließ sich davon nicht beeindrucken. Er machte kein Geheimnis daraus, daß er auch weiterhin Franks Freund bleiben wollte.

»Streitet ruhig weiter«, sagte er und winkte ab, »das geht mich gar nichts an.«

Daß ich gar nicht mit Frank stritt, sondern ständig von ihm beleidigt wurde, schien ihn nicht weiter zu interessieren. Am liebsten hätte ich ihn vor die Wahl gestellt, aber ich hatte Angst, am Ende ganz ohne Freunde dazustehen.

Am Nachmittag klebte ich das heruntergefallene *A* eigenhändig zurück an seinen Platz. Meine Hoffnung, so meinen Spitznamen wieder loszuwerden, war zwar nicht besonders groß, aber ich wollte nichts unversucht lassen. Vater behauptete am Abend, das *A* wäre schief, und ich hätte das ganze Holz mit Pattex verschmiert. Das stimmte zwar, aber auch ein schiefes *PAULI* war noch immer besser als ein gerades *P ULI*. Vater hebelte das A mit dem Schraubenzieher ab und klebte es neu an. Obwohl es so einigermaßen gerade aussah, war die Pattexschmiererei dafür um so schlimmer geworden.

»Siehst du«, sagte er, »was du angerichtet hast. Die ganze Tür ist versaut.«

Anscheinend mußte ich neuerdings auch noch für seine zwei linken Hände herhalten. Als ich zu protestieren anfing, schickte er mich auf mein Zimmer.

Schwulsein hatte mit den Hormonen zu tun. Das sagte Tilmann, dessen Onkel angeblich schwul bis über die zwölfte Rippe war. Ich wußte nicht genau, was Hormone waren, aber auf alle Fälle gab es eine weibliche und eine männliche Sorte davon. Irgendwie mußte es wohl mit dem Blut zusammenhängen. Im Biologieunterricht hatten wir bislang nur die roten und weißen Blutkörperchen durchgenommen. Die Hormone kamen vermutlich erst später dran. Vielleicht würde sich Frau Malzahn, unsere neue Biologielehrerin, auch ganz davor drücken. Mit solchen Sachen hatte sie so ihre Schwierigkeiten. Zu Pimmel und Schlitz sagte sie nur Genitalorgane und bekam dabei immer eine ganz leise und zittrige Stimme. Dann drehte sie sich schnell zur Tafel, um ja keinen von uns ansehen zu müssen. Es kam mir vor, als hätte ihr irgend jemand verboten, darüber zu sprechen. Ich tippte auf Pfarrer Flösch, der wahrscheinlich noch nicht einmal das Wort Genitalorgane über seine Lippen brachte. Vielleicht war es gegen Gott oder die Bibel oder gegen den Heiligen Geist. Dabei hatte ganz sicher auch Jesus einen Pimmel gehabt. Einen ziemlich langen, wie ich mir vorstellte. Aber das war natürlich erst recht kein Thema für den Unterricht.

Hatte man als Junge zuviele weibliche Hormone, wurde man schwul. So oder so ähnlich mußte es funktionieren. Tilmann hatte einmal behauptet, es könnte sogar passieren, daß einem der Pimmel schrumpfte und man einen Busen bekam. Ich erschrak, als mir seine Worte wieder einfielen. Vielleicht hing auch mein kleiner Pimmel letztendlich mit den Hormonen zusammen. Er war zwar nicht geschrumpft, aber sonderlich gewachsen war er seit Beginn meiner Messungen noch immer nicht.

Ich rannte ins Badezimmer und zog mein T-Shirt aus. Den Rücken leicht ins Hohlkreuz gedrückt, stellte ich mich vor dem Spiegel ins Profil. Deutlich sichtbar bildeten meine Brustwarzen eine kleine Erhebung. Kalter Schweiß legte sich auf meine Stirn. Ich konnte mich genau erinnern, daß es bei Anka vor Jahren genau so angefangen hatte. Triumphierend hatte sie mir ihre Mini-Brüste im Bad vorgeführt. Kein halbes Jahr später waren sie unter ihren T-Shirts bereits nicht mehr zu übersehen gewesen. Beim Gedanken, Brüste wie Anka zu bekommen, packte mich das Grauen. Daß man als Schwuli nichts mit Mädchen anfangen durfte, war dagegen eine Kleinigkeit. Jeder würde auf den ersten Blick erkennen, daß ich nicht normal war und mit dem Finger auf mich zeigen. Dann würde ganz bestimmt auch Volker nichts mehr mit mir zu tun haben wollen. Wer wollte schließlich schon einen Schwuli zum Freund haben.

Ich drückte mit dem Daumen gegen meine Brustwarze. Bis zu den Rippen war es nicht mehr als ein Zentimeter. Ich wußte nicht, was normal war, aber ein Zentimeter schien mir nicht allzuviel zu sein. Als ich mich erneut zur Seite drehte, war die Erhebung fast weg. Ich faßte wieder Mut. Im selben Moment flog die Tür auf und meine Mutter stand im Bad.

»So«, sagte sie, »macht der Herr Schönheitskontrolle. Ist da vielleicht ein Mädchen im Spiel?«

Ich schüttelte den Kopf und drückte mich an ihr vorbei hinaus in den Flur. Nicht zum ersten Mal fiel mir auf, daß meine Eltern die Angewohnheit hatten, immer im ungünstigsten Moment aufzutauchen. Ganz zu schweigen davon, daß sie ihre Auftritte regelmäßig auch noch mit absolut bescheuerten Fragen krönen mußten. Manchmal waren sie eine echte Plage.

Als ich am Abend im Bett lag, überlegte ich, ob man vielleicht mit Medikamenten etwas gegen die Hormone ausrichten konnte. Schließlich gab es sogar Medizin gegen Pocken und Krebs. Möglicherweise mußte man das Zeug in die Adern spritzen, so daß die Hormone direkt abgetötet wurden. Ich hatte fürchterliche Angst vor Spritzen, aber wenn es dagegen half, ein Schwuli zu werden und einen Busen zu bekommen, wollte ich sogar das auf mich nehmen. Vielleicht mußte man auch für ein paar Tage am Tropf hängen. Mit sechs oder sieben Jahren hatte ich das schon einmal im Krankenhaus über mich ergehen lassen müssen. Damals allerdings hatte ich eine seltsame Magenvergiftung gehabt. Vielleicht war das falsche Zeugs so überhaupt erst in meinen Körper gekommen. Irgendein Arzt hatte gepfuscht, und ich mußte seinen Murks jetzt ausbaden.

Wie ich an eine Hormonabtötung herankommen sollte, war mir ein Rätsel. Ich glaubte nicht, daß es einen Arzt gab, der so etwas ohne die Einwilligung meiner Eltern machen würde. Müßte ich dafür ins Krankenhaus, würde man mich zudem schnell vermissen. Meine Eltern würden eine Suchanzeige bei der Polizei aufgeben, und alle Welt würde glauben, ich sei entführt worden. Schließlich würden mich ein paar Sensationsreporter in meinem Krankenbett aufspüren und die häßliche Wahrheit über mich ans Licht bringen. Ich würde in die Zeitung kommen und bald schon wüßte jeder Bescheid, daß ich ein Schwuli war. Daß ich vielleicht schon als geheilt gelten konnte, würde dabei niemanden groß interessieren. Schon gar nicht irgend jemanden aus meiner Klasse.

Die Geschichte konnte natürlich auch ganz anders ablaufen, ohne Reporter und ohne Zeitung, aber die Schwierigkeiten waren nicht wegzudiskutieren. Der einzige Ausweg war, meine Eltern in die Sache einzuweihen. Sie konnten mir ein Rezept fürs Krankenhaus besorgen und mich in der Schule mit Masern oder Grippe entschuldigen. Volker wäre der einzige, der vorbeikommen würde, um mich zu besuchen, aber auch er würde einsehen, daß ich viel zu ansteckend sei. So würde alles geheim bleiben. Mir wurde schnell klar, daß auch dieser Plan schief gehen mußte. Niemand würde mich ernstnehmen. Meine Eltern würden mir über den Kopf streicheln wie einem kleinen, dummen Rauhhaardackel.

»Aber Jakob, das bildest du dir doch nur ein. Es ist schon alles in Ordnung bei dir, mach dir mal keine Sorgen.«

Ich konnte ihre tröstenden Worte schon hören. Vermutlich würden sie noch nicht einmal davor zurückschrecken zu behaupten, daß auch ein Junge mit einem Busen ein glückliches Leben führen konnte.

Wenn man einen Schwuli nicht an seinem Busen erkannte, dann erkannte man ihn an seinem tänzelnden Gang und daran, daß er immer mit hoher Stimme sprach. Außerdem machte ein Schwuli mit Jungs rum, aber das wahrscheinlich nur, wenn keiner zusah. Ich hatte noch nie mit Jungs rumgemacht, und einen komischen Gang hatte ich auch nicht. Jedenfalls hatte ich noch nie etwas

Ungewöhnliches daran bemerkt. Das machte mir Hoffnung. Meine Stimme allerdings war in der Tat ziemlich hoch. Ich hatte sie einmal auf Volkers Kassettenrekorder gehört und wäre vor Schreck beinahe rückwärts in sein Bücherregal gefallen. Sie klang, als könnte ich jederzeit im Mädchenchor mitsingen. Das war einigermaßen beunruhigend, aber mit dem Stimmbruch konnte das schon noch in Ordnung kommen. Der Stimmbruch kam, wenn auch die Haare über dem Pimmel anfingen zu wachsen. Das alles hieß Pubertät, und selbst wir Jungs wußten kein anderes Wort dafür. Wenn meine Eltern es in den Mund nahmen, sprachen sie es so ähnlich aus wie Frau Malzahn das Wort Genitalorgane. Sie benutzten es nur selten und wenn, dann nur sehr allgemein. Im Zusammenhang mit mir tauchte es nie auf. Es kam mir vor, als ob ihnen das Wort peinlich wäre. Das beunruhigte mich. In Wahrheit dachten wahrscheinlich auch sie, daß irgend etwas mit mir nicht stimmte.

Was meine Behaarung anging, so war alles nach wie vor beim Alten geblieben. Auch mit Vaters Lupe ließ sich kein nennenswerter Haarwuchs feststellen. Dafür hatte mein Pimmel nach mehreren Wochen ohne Messungen einen Sprung auf 5,5 gemacht. Eine Entdeckung, die für kurze Zeit all meine Sorgen in den Hintergrund drängte. Bis acht Zentimeter war es zwar immer noch ein weiter Weg, aber von Schrumpfen konnte endgültig keine Rede mehr sein. Zudem schien auch meine Brust nicht weiter zu wachsen. Um ganz sicher zu gehen, maß ich meinen Brustumfang jede Woche mit Mutters Maßband. Dabei konnte ich keine besorgniserregenden Zuwächse feststellen. Alle Anzeichen sprachen dafür, daß ich doch kein Schwuli war. Es war zu früh, um Entwarnung zu geben, aber immerhin konnte ich wieder ein bißchen zuversichtlicher in die Zukunft schauen.

Was meinen Spitznamen anging, war ich nicht ganz so zuversichtlich. Inzwischen hatten ihn sogar ein paar Lehrer mitbekommen und sich wahrscheinlich ihren Reim darauf gemacht. Manche, so kam es mir vor, riefen mich deshalb kaum mehr auf. Das hatte auch seine angenehmen Seiten, aber ein gutes Zeichen war das ganz sicher nicht.

»Du, Jakob«, flüsterte Pia im Unterricht, »warum sagen eigentlich alle Schwuli zu dir?«

Ich erstarrte. Seit dem neuen Schuljahr saß sie direkt hinter mir. Sie mußte sich nach vorne gebeugt haben, ihre Stimme klang ganz nah. Im selben Moment bohrte sich ihr Zeigefinger in meinen Rücken. Er fühlte sich an wie der Lauf einer Pistole. Auch ohne Spiegel wußte ich, daß mein Kopf knallrot anlief. Vorsichtig drehte ich mich zu ihr um und versuchte cool zu bleiben. Bevor mir noch irgend etwas Vernünftiges einfallen wollte, mischte sich Tilmann ein.

»Na das ist doch wohl klar«, sagte er, »oder?«

Mit halb geschlossenen Augen hauchte er mir einen Kuß zu.

»Gar nicht wahr«, protestierte ich, »das ist nur wegen meinem Nachnamen. Weil das *A* an der Tür gefehlt hat.«

Pia glotzte mich ungläubig an. Sie verstand kein Wort.

»Glaub ihm nur nichts«, grinste Tilmann, »das ist, weil er in Jungs verliebt ist.«

Alles weitere unterband Herr Imhofer, der ein Stück Kreide in unsere Richtung abfeuerte. Es traf mich genau an der Backe. Alle lachten, und es blieb mir nichts anderes übrig, als mitzulachen. In der Pause, nahm ich mir vor, würde ich Pia die Sache noch einmal erklären. Wenn sie allerdings irgendwelche Beweise forderte, sah ich ziemlich alt aus. Ich überlegte mir, ihr von Vaters Heftchen zu erzählen, und davon, daß ich beim Angucken immer einen Steifen bekam. Das stimmte zwar nicht, zumindest nicht richtig, aber das ließ sich ja schlecht nachprüfen. Vielleicht würde ich sie damit aber auch nur erschrecken. Wahrscheinlich wußte sie gar nicht, was ein Steifer war, und ich müßte, umringt von meinen Klassenkameraden, peinliche Erklärungen abgeben. Vielleicht war ja auch ein Kuß ein Beweis, aber wie sie darauf reagieren würde, wußte ich erst recht nicht.

Ich wartete bis nach der Schule und paßte sie auf ihrem Nachhauseweg ab. Sie schien kein bißchen überrascht, als ich aus meinem Versteck hinter der Eibenhecke des kleinen Hausmeisterbungalows auftauchte und mich an ihre Seite hängte. Schweigend gingen wir eine Weile nebeneinander her. Ich bastelte noch immer an Erklärungen, als Pia plötzlich stehenblieb und mich anschaute.

»Ich glaub nicht«, sagte sie, »was Tilmann gesagt hat. Der macht doch nur Sprüche.«

Ich nickte. Um Pia nicht ansehen zu müssen, glotzte ich auf ihren Busen. Unter dem Stoff ihres T-Shirts zeichneten sich deutlich erkennbar ihre Brustwarzen ab. Anders als sonst trug sie keinen BH. Ich spürte, wie mein Pimmel steif wurde. Unaufhaltsam bohrte er sich durch den Schlitz der Unterhose und drückte gegen den kühlen Reißverschluß meiner Jeans. Er fühlte sich gut an. Wenn es noch einen Beweis brauchte, daß ich kein Schwuli war, dann hatte ich ihn in der Hose. Ohne noch weiter nachzudenken, faßte ich nach Pias Busen. Er war warm und schien seltsam zu vibrieren. Auch er fühlte sich gut an. Ich schaute in ihr Gesicht und sah, daß sich ihre Augen zu schmalen Schlitzen verformt hatten. Im selben Moment hatte ich auch schon eine Ohrfeige an der Backe kleben.

»Bist du bescheuert«, brüllte Pia mich an, »ich bin doch keine Milchkuh!«

Sie schlug meine Hand weg und rannte davon. Mein Triumph war zu groß, als daß ich Zeit hatte, mich zu schämen. Ohne den geringsten Versuch, irgend etwas zu verbergen, trug ich meinen Steifen wie eine Trophäe durch die Straßen. Keinem Passanten, der mir entgegenkam, konnte die Auswölbung meiner Hose entgehen. Ich war mir sicher, daß eine schnelle Messung hinter der Litfaßsäule eine neue Rekordmarke ergeben hätte. In Gedanken machte ich hinter den entsprechenden Eintrag in meinem Ringbuch ein großes *P* für *Pia*.

Daß auch sie mich am nächsten Tag in der Schule *Schwuli* nannte, war eine Rache, die ich ihr gerne verzieh. Ich sah ein, daß sie mir für meine Grabscherei eins auswischen mußte. In Wirklichkeit wußte sie natürlich am besten von allen, daß das mit dem Schwuli nicht stimmte. Früher oder später würde sie die Geschichte ihren Freundinnen erzählen, und von da an war es nicht mehr weit, daß es die ganze Welt erfuhr. Gut möglich, daß mir die Sache mit der Grabscherei ein paar böse Blicke einbringen würde, aber daß ich ein Schwuli war, konnte keiner mehr von mir behaupten. Und nur das war es, was am Ende zählte.

Halbfinale

Über Weihnachten und Neujahr bastelte mein Vater auf dem Dachboden herum, den er zu einem neuen Zimmer ausbauen wollte. Ich konnte mir nicht recht vorstellen, wie bei seinem handwerklichen Geschick aus der Sache etwas Vernünftiges werden sollte, aber er ließ sich durch nichts von seinem Vorhaben abbringen. Er hatte drei Wochen am Stück freigenommen, danach sollte alles stehen. Die ganze Garage war voller Bretter, Isoliermaterial, Teppichbodenrollen und dutzender Schachteln mit Kleinzeugs. Sein geliebter Opel Rekord mußte solange auf der Einfahrt parken. Wenn Vater mit seinem extra für den Umbau gekauften blauen Arbeitskittel zwischen all den Sachen stand, sah er ziemlich aufgeschmissen aus.

»Wartet nur«, sagte er, »ich krieg das schon hin!«

In der Tat sah es kurz nach Neujahr auf dem Dachboden schon ganz manierlich aus. An manchen Stellen quoll zwar noch das Isoliermaterial durch die Bretter, und auch der frischverlegte Teppichboden warf noch einige Blasen, aber im großen und ganzen schien ihm die Sache gelungen zu sein. Dann allerdings gab es Probleme mit der Elektrik. Vater hatte vergessen, die Kabel für die Steckdosen zu verlegen und mußte große Teile der Holzverkleidung wieder abreißen. Er war verdammt mieser Laune. Erst recht, als ein paar der Bretter beim Runtermachen kaputtgingen und er beim Baumarkt neue bestellen mußte. Ausgerechnet in der letzten Ecke, sagte er am Telefon, seien ihm die Bretter ausgegangen. Er faselte von zuviel Verschnitt und falschen Berechnungen und trommelte mit den Fingern auf dem Telefontischchen herum.

Wahrscheinlich merkte auch der Holzverkäufer, daß er log.

»Tja«, sagte Mutter beim Abendbrot, »der Teufel steckt halt im Detail. Das war schon immer so.«

Vater schmiß sein Messer auf den Teller und machte ein Gesicht, als ob er sie abmurksen wollte. Obwohl ich glaubte, daß er schon im nächsten Moment explodieren würde, sagte er kein Wort. Mutter grinste noch eine Zeitlang vor sich hin, dann stand sie auf und räumte ab.

Die Stimmung meines Vaters rutschte noch tiefer in den Keller, als am nächsten Mittag mit einem Schlag im ganzen Haus der Strom weg war. Stundenlang suchte er mit der Taschenlampe nach dem Fehler in seiner Verkabelung. Irgendwie schien er mir in Sachen Elektro ein bißchen aus der Übung zu sein. Vielleicht hatte Frank am Ende doch recht, und er war tatsächlich nur ein stinknormaler Beamter. Erst gegen Abend gab er auf und rief den Elektriker an. Als der am nächsten Tag kam, hatte er die Sache in fünf Minuten behoben.

»Anfängerfehler«, sagte er, »da hätten sie leicht die ganze Bude anzünden können. Rufen Sie mich das nächste Mal lieber gleich.«

Vater lächelte gequält. Er brachte den Elektriker zur Tür und verzog sich wieder auf den Dachboden.

Was Sinn und Zweck der ganzen Sache anging, tappte ich völlig im Dunkeln. Weder Anka noch ich hatten uns je über unsere Zimmer beschwert. Und meine Eltern konnten sich mit ihrem riesigen Schlafzimmer ja wohl auch nicht beklagen. Sowohl Vater als auch Mutter wichen meinen Fragen aus. Ich fragte auch Anka, aber der schien die Sache mit dem Dachboden völlig egal zu sein. Sie sah bleich aus. Wahrscheinlich hatte sie wieder gekotzt.

Meine Theorien, wer das neue Zimmer beziehen sollte, reichten von meiner Oma über meine Patentante Hanna bis hin zu einem neuen Geschwisterchen. Ich war erleichtert, als einige Wochen später mein Vater selbst in den Dachboden einzog. Neben seinem Schreibtisch und einem Sessel aus dem Hobbykeller nahm er auch die Hälfte des Ehebetts mit nach oben. Das kam mir seltsam vor, aber als Mutter sagte, Vater würde nachts so laut schnarchen, daß sie selbst kaum noch schlafen könne, war ich beruhigt. Neben einem Schnarcher wollte ich auch nicht schlafen.

In der Schule stand unterdessen ein Großereignis bevor. Ende März sollte die Schulmeisterschaft im Fußball ausgetragen werden, die nur alle drei Jahre stattfand. Am schwarzen Brett neben dem Sekretariat hing bereits der Spielplan aus, den Herr Wagenknecht in seiner Freizeit ausgetüftelt hatte. Das Turniersystem, das er angeblich revolutioniert hatte, war nicht halb so kompliziert, wie er immer wieder behauptete. Jede Klasse spielte mit ihren Parallelklassen den sogenannten Klassenstufenmeister aus. Dann ging es unter den Siegern so lange im K.o.-System weiter, bis nur noch zwei Mannschaften übrigblieben, die schließlich das Endspiel miteinander bestritten.

Für Hartmut war es beschlossene Sache, daß wir dieses Mal mindestens bis ins Halbfinale kommen würden. Vor drei Jahren waren wir bereits in der Vorrunde ausgeschieden, aber die Vergangenheit schien für ihn nicht zu zählen.

»Ihr müßt nur wollen«, sagte er in einer ersten Mannschaftssitzung auf der Wiese des Pausenhofs, »dann schaffen wir es auch.«

Anders als vor drei Jahren gehörte auch ich dieses Mal zur Stammformation. Das lag weit weniger an meiner verbesserten Spielstärke als vielmehr daran, daß wir nach Lars' Sitzenbleiben und dem Wegzug unseres Stammtorhüters nur noch elf Jungs in der Klasse waren. Damit war mein Einsatz unverzichtbar geworden. Auch Benny, der kaum einen Fuß- von einem Basketball unterscheiden konnte, gehörte so mit zum Aufgebot. Nach Hartmuts Plan spielten wir beide im Sturm. Angeblich konnte wir dort die wenigsten spielentscheidenden Fehler machen. Als Frank fragte, wer so die Tore schießen sollte, wurde Benny in die Abwehr zurückgezogen und durch Volker ersetzt. Ich aber durfte im Sturm bleiben. Auf dem Mannschaftsplan las ich meinen Namen direkt unter dem Wort *Rechtsaußen*. Es war der stolzeste Augenblick meiner bisherigen Fußballerkarriere. Große Namen wie Rüdiger Abramczik und Karl-Heinz Rummenigge kamen mir in den Sinn. In Gedanken sah ich mich bereits Flanken in den Strafraum schlagen, die Volker von der Fünfmeterlinie nur noch mit dem Kopf einzunicken brauchte. Jubelnd würden wir uns in den Armen liegen.

Ein erstes Testspiel sollte Anfang März gegen die Mädchen unserer Klasse stattfinden. Das war ziemlich ungewöhnlich, weil Mädchen normalerweise gar nicht Fußball spielten. Aber Hartmut war der Ansicht, daß wir erst einmal einen Aufbaugegner brauchten.

»Und mal wieder bißchen die Titten wackeln sehen, kann ja auch nichts schaden«, fügte er grinsend hinzu, »was meint ihr, Jungs?«

Das meinten wir auch. Benny schlug unter allgemeinem Gejohle vor, daß wir nach dem Spiel vielleicht sogar Trikottausch machen könnten. Obwohl das zu einem richtigen Spiel dazugehörte, hatten wir Zweifel, ob die Mädchen dabei mitmachen würden.

Hartmut war unser Spielführer, auch ohne daß ihn irgend jemand dazu gewählt hatte. Auf sein Fußballtrikot hatte er sich von seiner Mutter mit Glitzerstoff eine Zehn nähen lassen. Die Zehn war auf der ganzen Welt die Nummer der Superstars. Vermutlich war Hartmut überzeugt davon, daß er eines Tages dazuzählen würde. Selbst vor dem Spiel gegen die Mädchen hielt er täglich in der Hofpause Mannschaftssitzungen ab. Mit dem Kuli zeichnete er wilde Linien auf den Mannschaftsplan, die die Bewegungen der Spieler darstellen sollten.

»Und du, Jacky«, sagte er in meine Richtung, »rechts durch und dann, zack, die Pille nach innen.«

Auf dem Plan waren das zwei Linien, die in der Nähe der Eckfahne rechtwinklig voneinander abgingen. Ich befürchtete, daß meine Flanken von dort draußen nicht einmal den Strafraum erreichen würden. Trotzdem nickte ich. Vielleicht konnte ich noch ein Stück an der Torauslinie entlanglaufen, bevor ich den Ball nach innen zog. Wenn es auch so klappte, würde Hartmut schon zufrieden sein. Es fiel mir auf, daß er mich wieder Jacky nannte. Bald folgten auch die anderen seinem Beispiel. Das hatte vermutlich mit dem Teamgeist zu tun, den Hartmut als oberstes Gebot ausgegeben hatte. Wollte man im Schulturnier bestehen, mußte man als Mannschaft zusammenhalten, das verstanden offensichtlich alle.

Ich nahm meine Aufgabe als Rechtsaußen sehr ernst. Mit Volker übte ich auf dem Bolzplatz am Waldrand Flankenschlagen. Ich legte ihm von außen auf, und er hämmerte den Ball ins leere Tor. Bei jedem Treffer jubelten wir, als wären wir bereits im Endspiel der Schulmeisterschaft. Dann bekam Volker die Grippe, und ich mußte alleine weitertrainieren. Ich fragte meinen Vater, ob er mir nach Dienstschluß ein paar Flanken abnehmen könnte, aber er hatte neuerdings ein Problem mit den Dachfenstern, die nicht recht dicht zu sein schienen.

»Zum Vor-dem-Tor-rumstehen«, sagte er genervt, »habe ich jetzt absolut keine Zeit. Frag doch Mami!«

Mir fiel auf, daß er, seit er den Dachboden bezogen hatte, für überhaupt nichts mehr Zeit hatte. Er erschien fast nur noch zum Essen, und selbst dabei hatte er es meistens eilig. Mutter sagte, Vater würde sich viel Arbeit mit nach Hause nehmen, aber immer, wenn ich mich nach oben schlich, war sein Schreibtisch ganz aufgeräumt.

Volker war noch immer krank, als wir gegen die Mädchen aufliefen. Somit waren wir von Anfang an nur zu zehnt. Volkers Platz im Sturm wurde von Hartmut eingenommen, der großzügigerweise für dieses eine Spiel seine Rolle als Mittelfeldregisseur aufgab.

»Und immer schön auf den Kopf«, wies er mich an, »den Rest besorge ich.«

Ich nickte. In meinen letzten Trainigseinheiten hatte ich mich allerdings eher auf Flachpässe spezialisiert. Standen keine Spielerbeine im Weg, kam ich so mit meinen Flanken inzwischen bis vors Tor. Vermutlich dachte Hartmut, mit Kopfballtoren besonders Eindruck schinden zu können, aber wenn man wirklich gut war, dann konnte man auch flache Bälle mit dem Kopf verwandeln.

Die Mädchen trugen zum Spiel wie verabredet weiße Sporthosen und rote T-Shirts. Das Rot reichte dabei von Orange bis Rosa. Aber auch mit gelben, grünen oder weißen Hemden hätte kaum größere Verwechslungsgefahr bestanden. Wir Jungs hatten uns auf Schwarz und Weiß, die Farben der Nationalmannschaft, geeinigt. So wollten wir auch in drei Wochen beim Schulturnier antreten. Daß die meisten unserer Hosen dabei blau und nicht schwarz waren, ärgerte Hartmut. Um den Teamgeist nicht zu gefährden, verdrehte er nur die Augen.

Auch die Mädchen schienen einen Mannschaftsplan gemacht zu haben. Sofort nach dem Anpfiff bezogen sie ihre Positionen auf dem Spielfeld. Pia war als linke Verteidigerin aufgestellt. Als sie merkte, daß sie so gegen mich spielen mußte, wechselte sie auf die rechte Seite, und ich bekam es statt dessen mit Ulrike zu tun. Das war in mehrfacher Hinsicht ein schlechter Tausch. Nicht nur, daß mir so neunzig Minuten Nahansicht von Pias hüpfenden Brüsten entging. Es stellte sich auch schnell heraus, daß Ulrike ziemlich hart einstieg. Selbst wenn der Ball weit weg war, trat sie mir gegen die Beine oder boxte mich in den Rücken. Als ich ein einziges Mal zurückboxte, heulte sie laut auf und hielt sich mit schmerzverzerrtem Gesicht den Oberarm. Herr Wagenknecht, unser Schiedsrichter, der das Ganze gar nicht gesehen hatte, zeigte mir sofort die gelbe Karte. Auch Hartmut kam auf mich zugerannt und motzte mich an. Er drohte mit Auswechslung.

»Wenn du hier anfängst, Mädchen zu schlagen«, keifte er, »dann spielen wir lieber zu neunt weiter. Verstanden!«

Auch wenn mir klar war, daß er den großen Mädchenretter nur spielte, nickte ich schuldbewußt. Vielleicht hatte ich ja wirklich zu fest zugeboxt. Kaum aber war das Spiel weitergegangen, grinste mich Ulrike triumphierend an. Pia und sie waren Freundinnen. Wahrscheinlich hatten die beiden beim Wechsel ihrer Positionen noch schnell etwas abgesprochen. Ulrike stand mir jedenfalls auch weiter auf den Füßen herum. An gute Flanken war unter solchen Bedingungen nicht zu denken. Zweimal holte ich wenigstens einen Eckball heraus, aber das war in der ersten Halbzeit auch schon alles. Da auch von der linken Seite nicht viel an Flanken kam, versauerte Hartmut in der Mitte zusehends.

Daß trotzdem bis zur Pause fünf Tore fielen, lag an unserem Mittelfeld, dem die Mädchen nur wenig entgegensetzen konnten. Ihre härtesten Kaliber hatten sie eindeutig in die Abwehr gestellt. Allein Frank, der auf Hartmuts Position im Mittelfeld spielte, schoß drei Tore. Eines davon per Freistoß, den Pia an Hartmut verschuldete, indem sie sich von hinten um seinen Bauch klammerte. Hartmut wehrte sich nicht sonderlich dagegen und sah enttäuscht aus, als Herr Wagenknecht die Umklammerung mit seinem Pfiff auflöste. Ich stellte mir gerade Pias Brüste in meinem Rücken vor, als Ulrike mir von hinten einen neuerlichen Boxhieb verpaßte. Dann war Halbzeit.

Trotz der fünf Tore war Hartmut unzufrieden. Den Außenstürmern warf er vor, daß sie ihn nicht richtig mit Flanken versorgten und den Mittelfeldspielern, daß sie alles auf eigene Faust machten und nicht rechtzeitig abgaben. Es war offensichtlich, daß er sauer war, daß kein einziges der fünf Tore auf sein Konto ging.

Auch in der zweiten Halbzeit ging Hartmut leer aus. Dabei hatte er zwei todsichere Chancen, bei denen er beidemal völlig frei vor Sylvias Tor zum Schuß kam. Beim ersten Mal traf er immerhin noch den Pfosten, beim zweiten Versuch aber trat er so ungeschickt in den Boden, daß er verletzt ausscheiden mußte. Jammernd humpelte er vom Spielfeld und kommentierte fortan von der Außenlinie jede unserer Aktionen.

Durch glückliche Umstände konnte auch ich mich noch in die Reihe der Torschützen eintragen. Beim Stand von 9:0 bekam ich in der Nähe des rechten Torpfostens einen Querschläger von Tilmann ans rechte Knie. Unerreichbar für Sylvia flog der Ball von dort halbhoch in die Maschen. Hartmut reklamierte von außen Abseits, aber Herr Wagenknecht hatte nichts dergleichen gesehen. Das Tor galt. Ich jubelte und sah, wie Hartmut an der Außenlinie ärgerlich abwinkte. Seine Torlosigkeit schien ihn durch meinen Treffer noch mehr zu nerven. Würden wir, wie vor dem Spiel abgemacht, eine Torschützenliste erstellen, würde Hartmut ganz eindeutig hinter mir liegen.

Wenige Augenblicke später pfiff Herr Wagenknecht das Spiel ab. Keiner von uns Jungs machte irgendwelche Anstalten zum Trikottausch. Dafür hatten sich die Mädchen etwas ausgedacht. Jede ging zu ihrem Gegenspieler und gab ihm einen Kuß auf die Backe. Hartmut, der sich bereits humpelnd davongemacht hatte, ging auch dabei leer aus. Ulrike mußte sich für ihren Kuß ziemlich weit zu mir runterbeugen, aber zum Glück waren die anderen viel zu sehr mit ihren eigenen Küssen beschäftigt, als daß sie sich darüber lustig machen konnten. Daß sie mich gleichzeitig in die Rippen kniff, ließ ich mir nicht anmerken.

Trotz meines Tores wurde ich am nächsten Tag für alle weiteren Spiele zu Benny in die Abwehr verbannt. Die Außenstürmer, behauptete Hartmut, hätten über neunzig Minuten kläglich versagt, und da auch die anderen mit dem Kopf nickten, traute ich mich nicht zu protestieren. Frank war mit seinen insgesamt fünf Treffern der Held des Spiels, das mußte selbst Hartmut zugeben. Auch Tilmann und Uwe, die je zwei Treffer beigesteuert hatten, wurden gefeiert. Von meinem Tor redete keiner.

Bis zum Schulturnier blieben noch gut zweieinhalb Wochen. Hartmut behauptete, schon bald wieder mit leichtem Lauftraining beginnen zu können. Sein Knöchel war nur etwas überdehnt, und zur Not, sagte er, würde er ihn eben bandagieren. Wenig später hatte auch Volker seine Grippe überstanden. Statt Flankenschlagen übte er jetzt Abwehraktionen mit mir. Das freilich war etwas ganz anderes. Mit meiner mühsam erworbenen Flankentechnik ließ sich dabei nicht viel anfangen. Volker rannte mit dem Ball am Fuß aufs Tor zu, und ich versuchte ihn ihm wegzuspitzeln. In neun von zehn Fällen landete der Ball im Netz. Ich glaubte kein rechtes Talent für die Abwehr zu haben, und das glaubte Volker auch.

»Vielleicht spielst du besser im Mittelfeld.« sagte er, aber dafür war ich laut Hartmut viel zu langsam.

»Nein, nein«, sagte er zu Volker, »Jacky bleibt schön hinten. Da muß er nicht soviel rennen.« Und in meine Richtung fügte er großmütig hinzu: »Das ist dir doch auch recht, oder?«

Ich schwieg. Meine Meinung zählte in Fußballfragen ohnehin nichts. Dabei war ich, zumindest was die Theorie anging, ziemlich auf der Höhe. Ich kannte die besten Tricks der Bundesligaspieler, die erfolgversprechendsten Freistoßvarianten und wußte, wie man am unauffälligsten einen Elfmeter herausholte. Ich kannte sämtliche Spieler von Bayern München mit Schuhgröße und Körpergewicht und alle Deutschen Meister der letzten zehn Jahre. Zum Mitreden freilich reichte das nicht. Zum Mitreden mußte man Maßflanken schlagen, den Ball mindestens zehnmal mit dem Fuß in der Luft halten können und Tore nicht nur mit dem Knie schießen. Was Fußball anging, würde ich nie richtig dazugehören.

Der Ruhm aber, den wir mit unserer Klasse beim Schulturnier einheimsen wollten, würde auch mir gehören.

»Wir gewinnen zusammen, und wir verlieren zusammen!« hatte uns Hartmut noch kurz vor dem ersten Spiel mit auf den Weg gegeben.

Ein Satz, den ich wortwörtlich eine Woche zuvor von einem Bundesligatrainer in der Sportschau gehört hatte. Vermutlich besaß Hartmut eine ganze Liste dieser Weisheiten, die er bei passender Gelegenheit auswendig dahersagte. Es galt als abgemacht, daß wir solange wie möglich am ersten Teil seines Spruchs festhalten wollten.

Unsere Rechnung schien aufzugehen. Wir eilten von Sieg zu Sieg und ließen unseren Gegnern dabei nicht den Hauch einer Chance. Vorne bewies Frank einmal mehr seine Vollstreckerqualitäten. Von Hartmut immer wieder mit Traumpässen bedient, schoß er unsere Parallelklassen fast im Alleingang in Grund und Boden. Was hinten anfiel erledigten derweil Benny und ich. Viel war das allerdings nicht. Gegen die 8c hatte ich einen einzigen Ballkontakt. Ein Rückpaß aus dem Mittelfeld versprang kurz vor meinem Fuß, und das, was als Paß zu Tilmann gedacht war, landete im Seitenaus. Ein Fehler, der bestimmt auch einem Karl-Heinz Rummenigge schon einmal passiert war. Da wir bereits 4:0 führten, verlor keiner ein Wort darüber.

Unsere Mädchen standen am Spielfeldrand und feuerten uns an. In letzter Zeit hatten sie sich mehr und mehr an die Jungs aus den oberen Klassen gehalten, aber mit unserer Siegesserie schienen wir endlich wieder Boden gutzumachen. Beim Einlaufen winkten ein paar der Jungs immer in ihre Richtung. Die Mädchen winkten zurück. Auch ich machte mit, und niemand konnte behaupten, daß ihr Winken nicht auch mir galt.

Als Klassenstufenmeister gewannen wir auch unser nächstes Spiel gegen die beste der siebten Klassen mit Bravour. Zwar fingen wir in diesem Spiel unser erstes Gegentor, aber das ging auf die Kappe von Thorsten, unserem Torwart, der einen harmlosen Kullerball zum 1:1 durch die Beine rutschen ließ. Ich ging zu ihm hin und klopfte ihm auf die Schulter.

»Mach dir nichts draus«, tröstete ich ihn, »hätte jedem passieren können. Die vorne biegen das schon wieder hin.«

Thorsten nickte. Meine Worte schienen ihn aufzumuntern. In der Tat machte Tilmann mit einem Flachschuß schon drei Minuten später seinen Fehler wieder wett. Ein weiteres Tor von Frank, kurz vor dem Halbzeitpfiff, brachte uns endgültig auf die Siegerstraße.

Nach unserem erneuten Sieg träumte Hartmut bereits laut vom Endspiel. Vermutlich dachte er insgeheim sogar an den Turniersieg, aber das behielt er vorerst noch für sich. Selbst die 11. Klasse, auf die wir nach Turnierplan am Nachmittag im Halbfinale treffen sollten, schien für ihn kein echtes Hindernis zu sein. Daß die Elftkläßler im Schnitt fast einen Kopf größer waren als wir und dabei einige richtige Brecher in ihren Reihen hatten, schien ihn nicht zu beeindrucken. Mir war alles andere als wohl, wenn ich daran dachte, daß ich im Getümmel dieser Riesen meine Knochen hinhalten sollte. Ulrikes Attacken beim Freundschaftsspiel gegen die Mädchen waren dagegen vermutlich Streicheleinheiten gewesen.

Ich war heilfroh, als unsere Abwehrreihe in der Mannschaftsbesprechung auf fünf Spieler aufgestockt wurde. Sogar Hartmut wollte hinten mit aushelfen. Da beim Schulturnier ein Unentschieden traditionsgemäß zu Gunsten der tieferen Klasse gewertet wurde, wollten wir auf 0:0 spielen. Das Wort Abwehrschlacht machte die Runde, und ich merkte, wie sich mein Unwohlsein weiter ausbreitete. Erneut tauchten die Hünen der 11. Klasse vor meinen Augen auf. Ohne Rücksicht auf Verluste pflügten sie übers Spielfeld und rissen um, was immer sich ihnen in den Weg stellte. Ich versuchte, mir nichts anmerken zu lassen. Daß mir beim Einlaufen die Knie zitterten, konnte jedenfalls genausogut am kühlen Wetter liegen.

Unser Fanclub war auch zum Halbfinale komplett angetreten. Auf einem Bettlaken, das Ellen und Sylvia an zwei Latten befestigt über ihren Köpfen schwenkten, stand mit roter Farbe: *Auf geht's 8a, Superboys*. Es tat gut, einer dieser *Superboys* zu sein. Ich winkte noch heftiger als in den Spielen zuvor.

Die halbe Schule hatte sich ums Spielfeld herum versammelt. Auch viele Eltern waren gekommen. Ich erkannte Volkers Mutter, die für ihre Verhältnisse richtig schick aussah. Sie trug einen blauen Hosenanzug, über den sie sich eine helle Strickjacke geworfen hatte. Sogar ihre Barthaare hatte sie sich zur Feier des Tages ausgezupft. Meine Eltern waren nicht unter den Zuschauern. Vater war noch einmal mit dem Elektriker zugange, weil die Stromheizung, die er auf dem Dachboden installiert hatte, immer wieder aussetzte. Mutter war in der Nachbarschaft zum Kaffee eingeladen. Angeblich hatte sie so kurzfristig nicht mehr absagen können. Wenigstens Anka war gekommen, und das, obwohl sie sich für Fußball überhaupt nicht interessierte. Sie stand ganz in der Nähe der Mädchen aus unserer Klasse. Besonders begeistert sah sie allerdings nicht aus. Als ich nach einer Viertelstunde noch einmal nach ihr schaute, war sie verschwunden.

Das Spiel übertraf meine schlimmsten Befürchtungen. Ein ums andere Mal wurde ich von meinem Gegenspieler über den Haufen gerannt. Ich kannte ihn vom Schulhof, wo er sich schon ein paarmal mit anderen Jungs geprügelt hatte. Wenn der Schiedsrichter nicht in der Nähe war, nannte er mich *Würstchen*. Dabei grinste er mich blöd an und wartete darauf, daß ich mich ärgerte. Zwei-, dreimal konnte ich ihm den Ball wegspitzeln, aber die Mehrzahl der Zweikämpfe ging klar an ihn. Zum Glück war er im Flankenschlagen kaum besser als ich. Alles was von der linken Seite nach innen kam, landete sicher in Thorstens Armen. Die größere Gefahr drohte eindeutig von rechts und aus der Mitte, von wo ein regelrechter Bombenhagel auf unser Tor niederging. Hartmut und Tilmann warfen sich ein ums andere Mal tollkühn in die Schüsse und verhinderten so einen frühzeitigen Rückstand. Den Rest erledigte Thorsten, der unsere Gegner mit seinen Glanzparaden schier wahnsinnig machte. Sein Schnitzer vom Viertelfinale war längst vergessen. Wo auch Thorsten keine Chance hatte, half der Pfosten oder ein Pfiff des Schiedsrichters, der kaum verbergen konnte, daß sein Herz für die Außenseiter schlug. Eine seiner umstrittenen Abseitsentscheidungen brachte meinen Gegenspieler derart in Rage, daß er für fünf Minuten vom Platz gestellt wurde. Obwohl ich mit der ganzen Aktion überhaupt nichts zu tun gehabt hatte, schwor er mir noch im Hinausgehen Rache. Ob die Rache auf dem Rasen oder nach Spielende stattfinden sollte, behielt er für sich. Es klang nicht gut, so oder so.

Je länger das Spiel dauerte, um so mehr witterte das Publikum eine Sensation. Außer ein paar Mädchen aus der 11. Klasse schienen alle uns die Daumen zu drücken. Jede gelungene Abwehraktion wurde begeistert gefeiert. An diesem Tag mußte es keinen sonderlichen Spaß machen, Elftklässler zu sein. Angespornt vom Applaus auf den Rängen, lief auch ich noch einmal zu Hochform auf. Mein Gegenspieler war gerade zurück auf dem Platz, als mir kurz vor der Eckfahne eine blitzsaubere Grätsche gelang. Der Ball spritzte, wie an der Schnur gezogen, über die Seitenauslinie. Aus unserer Fankurve brüllten die Mädchen *Super Jacky, Superboy*, und das schien mir das Schönste zu sein, was ich je gehört hatte. Ich wollte gerade winken, als sich mein Gegenspieler in voller Größe vor mir aufbaute.

»Warte nur, Würstchen«, fauchte er, »wir sprechen uns noch, da kannst du deinen Kopf drauf wetten!«

Sein Gesicht bebte. Er verpaßte mir einen versteckten Schlag in die Rippen, aber das schien mir noch längst nicht alles gewesen zu sein.

Eine Minute vor Schluß sprachen wir uns tatsächlich wieder. Wir hatten das 0:0 schon fast im Sack, als ich meinen Gegenspieler für einen kurzen Moment aus den Augen verlor. Während ich noch im Strafraum umherirrte, sah ich ihn gut zwanzig Meter entfernt auf der Außenbahn durchmarschieren. Benny, der sich an seine Fersen geheftet hatte, konnte ihn nicht halten. Er kam bis auf fünf Meter an mich heran, bevor er mit seinem behaarten linken Bein ausholte und abzog. Sein Schuß landete genau in meinen Armen. Kein Torhüter der Welt hätte den Ball sicherer fangen können. Ein fernes Raunen wogte durch die Zuschauerränge. Zögerlich schaute ich hinunter auf den Rasen. Keinen Meter von mir entfernt erkannte ich die Strafraumlinie. Ich wußte, was das bedeutete. Erst jetzt hörte ich in meinem Rücken den Pfiff. Ich drehte mich um und sah Hartmut neben dem Schiedsrichter auf dem Rasen knien und seine Fäuste in den Boden hämmern. Tilmann und Volker schlugen sich weiter hinten entsetzt die Hände vors Gesicht. Andere guckten einfach nur ungläubig in meine Richtung. Ich drehte mich zurück und sah meinen Gegenspieler mit entschlossenem Schritt auf mich zu stapfen.

»Na also!« sagte er und griff grinsend nach dem Ball in meinen Armen.

Widerstandslos ließ ich ihn mir abnehmen. Ohne Umwege marschierte er zum Elfmeterpunkt und plazierte den Ball auf die Kreidemarkierung. Mit einem strammen Schuß versenkte er ihn im oberen rechten Torwinkel.

Noch bevor der Ball zurück auf dem Anstoßpunkt lag, pfiff der Schiedsrichter das Spiel ab. Ich setzte mich auf den Rasen und wartete auf meine Hinrichtung. Versager, Vollidiot, Krüppel, Spasti, Schwuli, Flasche, Krücke; vermutlich würden meinen Klassenkameraden noch mehr Schimpfworte für mich einfallen. Ich rechnete sogar mit Schlägen und Tritten, aber nichts davon geschah. Kommentarlos zogen meine Klassenkameraden vom Spielfeld und ließen mich auf dem Rasen zurück. Auch Thorsten, der direkt an mir vorbeilief, hatte keine aufmunternden Worte für mich. Mein Trost vom Vormittag war vergessen. Durch den Schleier meiner feuchten Augen sah ich Hartmuts Glitzerzehn in den Reihen der abwandernden Zuschauer verschwinden. Volker war nirgendwo. Niemand würde je wieder etwas mit mir zu tun haben wollen. Meine Oma hatte einmal gesagt, es gäbe in jedem Leben einen Moment, in dem sich alles änderte. In ihrem war es Opas Tod gewesen. In meinem war es ein Elfmeter. Als nur noch ein paar Lehrer und Eltern am Spielfeldrand übrig waren, stand ich auf und trottete vom Platz. Am Zaun traf ich auf Ellen.

»Ich hab auf dich gewartet«, sagte sie, »es tut mir leid. Du hast trotzdem gut gespielt.«

Mein Unterkiefer sackte nach unten. Ausgerechnet Miss Ugly wollte mich trösten. Sie trug Lippenstift und Lidschatten und war noch häßlicher als sonst.

»Ist schon o.k.«, antwortete ich, »war ja nur ein Fußballspiel.«

Ellen ließ nicht locker. Sie kam zwei Schritte auf mich zu und berührte mich am Arm. Ich bekam Gänsehaut.

»Ich kann dich nach Hause begleiten, wenn du willst«, sagte sie, »ist doch blöd so ganz allein.«

»Aber du wohnst doch gar nicht in meiner Richtung«, protestierte ich, »das ist doch ein Riesenumweg für dich. Da brauchst du glatt doppelt so lang.«

Ellen winkte ab.

»Ach, ich hab Zeit. Ich muß erst um sieben zu Hause sein.«

»Aber ich bin mit dem Rad da. Ich muß mich beeilen.«

»Ich bin auch mit dem Rad da.« Sie nahm ihre Hand von meinem Arm und zeigte in Richtung Fahrradständer. »Komm mit!«

Mir schien, als hätte mein Schicksal den heutigen Tag endgültig zum Katastrophentag erklärt. Es reichte offensichtlich nicht, daß ich der bescheuertste Fußballspieler der ganzen Schule war. Jetzt mußte ich auch noch vor aller Welt mit dem häßlichsten Mädchen der Klasse durch die Straßen radeln. Ich wußte nicht, ob ich mich jemals wieder von diesem Tag erholen würde.

»Wer ist denn das?« empfing mich meine Mutter zehn Minuten später an der Haustür. Sie nickte in Richtung Gehweg, wo Ellen gerade ihr Fahrrad wendete und mir noch einmal zuwinkte. Mit ihren Zöpfen und ihrer riesigen Knollennase sah sie aus wie eine Mischung aus Pippi Langstrumpf und Miss Piggy. Ich winkte nicht zurück.

»Wer«, brummte ich, »wer ist was?«

»Jetzt stell dich nicht so an«, erwiderte meine Mutter, »das hübsche Mädchen auf dem Fahrrad. Wer war das?«

Ich starrte sie an. Meine Mutter hatte Ellen tatsächlich hübsch genannt. Entweder sie hatte ernsthafte Sehstörungen, oder auf dem Kaffeekränzchen hatte es statt Kaffee nur Likör zu trinken gegeben. Ich tippte auf eine Kombination von beidem und verzog mich auf mein Zimmer. Meine Mutter verfolgte mich.

»Du kannst mir schon sagen, wenn du eine Freundin hast«, sagte sie, »das ist ganz normal in deinem Alter, weißt du!«

Ich wußte nicht. Ich wußte nur, daß es nicht normal war, eine Freundin zu haben, die aussah wie Miss Ugly. Und es war auch nicht normal, einen Ball im Strafraum zu fangen, wenn man nicht Torwart war. Schon gar nicht im Halbfinale der Schulmeisterschaft. Es war nicht normal, einen Vater zu haben, der Elektroingenieur war und keine Ahnung von Elektro hatte, und es war nicht normal, nur einen Meter fünfzig groß zu sein, wenn man in die achte Klasse ging. Mein ganzes Leben war nicht normal. Das einzige, was normal war, war, daß ich nach einem beschissenen Tag meine Ruhe haben wollte. Das sah irgendwann selbst meine Mutter ein. Sie schloß die Tür und ging wieder nach unten. Ich setzte mich auf meinen Schreibtischstuhl und krakelte mit einem dicken grünen Filzstift den Einband meines Englischhefts voll. Dann heulte ich ein bißchen.

Auftritte

Meine Fußballkarriere schien beendet. Zum Revanchespiel gegen die Siebte wurde ich nicht mehr aufgestellt. An meiner Stelle kam Hartmuts jüngerer Bruder zum Einsatz, der zwar nicht in unserer Klasse war, von der Gegenseite aber als Aushilfsspieler akzeptiert wurde. Auch Volker schien keine große Lust mehr zu haben, mit mir zu kicken. Anscheinend hatte er Angst, daß mein Aussetzer aus dem Halbfinale ansteckend war. Zum Fahrradfahren oder Tischtennisspielen verabredete er sich auch weiterhin mit mir, sobald ich aber mit Fußball anfing, hatte er plötzlich keine Zeit mehr.

Hartmut nannte mich wieder *Schwuli*. Jetzt wo es nicht mehr um den Teamgeist ging, galten offensichtlich wieder die alten Regeln. Auch die meisten der anderen Jungs machten mit. Zum Glück schienen wenigstens die Mädchen ihr Interesse an albernen Spitznamen abgelegt zu haben. Sie nannten mich durch die Bank wieder Jakob und waren auch sonst einigermaßen nett zu mir. Ellen stellte sich sogar vor die Klasse und hielt eine Verteidigungsrede für mich. Sie behauptete, daß ich im Fußball gar nicht so schlecht wäre, wie alle täten, und daß Schwuli ein Name sei, auf den man nur mit einer ganz schmutzigen Phantasie kommen könnte.

»Und überhaupt«, sagte sie, »ist Jakob vollkommen in Ordnung.«

»Na du mußt es ja wissen.« fiel ihr Hartmut ins Wort, und er, Frank und ein paar andere brachen in schallendes Gelächter aus.

Mir war auf der Stelle klar, daß Ellens Rede schlimme Folgen für mich haben würde. Schon in der nächsten Pause hieß es, Ellen und ich seien ineinander verliebt. Alles Abstreiten half nichts. Frank säuselte etwas von *amour, amour* und steckte sich zwei Finger in die Nase. So ausgebeult sah sie aus wie eine Kartoffelknolle. Hinter ihm stand Hartmut und hielt ihm mit Grasbüscheln Zöpfe an.

»Bei Jakob«, flötete er mit hoher Stimme, »ist alles in Ordnung. Dafür garantiere ich.«

Es war eine einzige Gemeinheit.

»Laßt ihn endlich in Ruhe!«

Dieses Mal war es Pia, die sich einmischte. Breitbeinig stellte sie sich vor mich und verschränkte die Arme vor ihrem Busen. Sie schnaufte wie ein Wildschwein vor dem Angriff. Ihr Auftritt zeigte auf der Stelle Wirkung. Frank zog die Finger aus der Nase und schaute verlegen zur Seite. Gleichzeitig ließ auch Hartmut seine Arme sinken. Lautlos rieselten die Grasbüschel aus seinen Händen zurück auf die Wiese.

»Man wird ja wohl noch Spaß machen dürfen«, maulte er, »das ist ja noch nicht verboten, oder?«

»Das ist kein Spaß mehr«, sagte Pia, »immer nur mit Jakob. Sucht euch doch mal jemand anderen.«

Schulterzuckend zog Hartmut ab. Frank folgte ihm. Ich atmete auf. Pia drehte sich um und lächelte mich an. Meine Busengrabscherei vom letzten Herbst schien endgültig vergessen zu sein.

»Danke!« flüsterte ich, als Hartmut und Frank außer Hörweite waren.

»Schon gut«, erwiderte Pia, »die sollen nur nicht denken, daß sie hier die Könige sind, die zwei Lackaffen.«

Das klang gut. Ich hoffte, daß mit Pias Auftritt das Gerede um Ellen und mich schnell wieder verstummen würde. Möglicherweise würde man statt dessen versuchen, mir eine Liebesgeschichte mit Pia anzudichten. Aber damit ließ es sich ohne Frage weit besser leben.

Am Abend bat mich mein Vater zu sich auf den Dachboden. Das kam mir komisch vor. Wenn mein Vater mir etwas zu sagen hatte, dann machte er das normalerweise am Abendbrottisch oder, in ganz besonderen Fällen, auch auf meinem Zimmer. Seit der Geschichte mit Herrn Imhofers Autoreifen hatte es solch einen besonderen Fall nicht mehr gegeben. Auf Vaters kleinem Couchtisch standen gefüllte Saftgläser und ein Teller Schokoladenkekse. Das machte mich vollends mißtrauisch. Ein bißchen umständlich bat er mich, Platz zu nehmen.

»Saft?«

Er nahm eines der Gläser und schob es näher zu mir hin. Mit einem Nicken forderte er mich auf zu trinken.

»Und Kekse?«

Jetzt wanderte der Teller mit den Schokoladentalern auf mich zu. Die ganze Sache wurde mir immer unheimlicher. Gleich mußte ein Angriff aus dem Hinterhalt kommen. Er kam.

»Sag mal«, fragte mein Vater, »hast du eigentlich schon eine Freundin?«

Ich schaute ihn an. Seine Augen hatten etwas Bedeutungsvolles bekommen. Zu bedeutungsvoll, als daß ich seine Frage mit einem gewöhnlichen Schulterzucken abtun konnte. Dabei war mir nicht ganz klar, was er mit Freundin überhaupt genau meinte. Vermutlich das, was in der Schule *miteinander gehen* hieß, aber auch darüber hatte ich so meine Zweifel. Für manche schien sich das miteinander gehen auf Küssen und Händchenhalten zu beschränken, für andere fing es da wohl erst richtig an. Gut möglich, daß am Ende sogar Bumsen dazugehörte.

»Nein«, antwortete ich, »nicht richtig jedenfalls.«

Ich hatte lange nachgedacht. Jetzt, wo meine Antwort draußen war, war ich alles andere als glücklich damit. Prompt hakte mein Vater nach.

»Und was heißt das: nicht richtig?«

Ich nahm einen Keks vom Teller und stopfte ihn ganz in meinen Mund. Natürlich war Pia nicht meine Freundin. Noch nicht einmal, wenn man die allerharmlosesten Erkennungszeichen heranzog. Aber ich hatte immerhin eine genaue Vorstellung davon, wie sich ihr Busen anfühlte. Und geküßt hatte ich sie auch schon, und außerdem war sie nett zu mir. Daran, daß auch Ellen nett zu mir war, wollte ich lieber nicht denken. Nachdem ich den letzten Rest Keks hinuntergewürgt hatte, nahm ich einen Schluck Saft zum Nachspülen. Damit war meine Schonzeit endgültig vorbei.

»Nicht richtig eben«, sagte ich, »also eigentlich habe ich keine.«

»Und uneigentlich?«

Mein Vater grinste. Geradeso, als wäre seine Fragerei nicht mehr als ein lustiges Ratequiz. Wenn dem so war, dann war das hier ganz sicher erst die Aufwärmrunde. Die Jokerfrage hatte er noch im Ärmel.

»Uneigentlich auch nicht«, erwiderte ich schließlich, »das heißt, wenn es uneigentlich überhaupt gibt.«

Vater überhörte meine kleine Frechheit. Statt dessen griff nun er nach den Keksen. Langsam zermalmte er einen ersten zwischen seinen Zähnen. Als er wortlos einen zweiten und schließlich einen dritten nachschob, wußte ich, daß die Jokerfrage nicht mehr weit war. Nach dem vierten kam sie endlich.

»Sag mal, Jakob, ich hab da so zufällig gehört, wie dich deine Freunde nennen, also du weißt schon, auf der Straße.«

Er stockte und schob sich einen fünften Keks in den Mund. Das Reden fiel ihm von Keks zu Keks schwerer. Er sah nicht gut aus. Es gab keinen Spiegel in seinem Zimmer, aber ich vermutete, ich sah auch nicht gut aus. Ich konnte mir denken, auf was er hinauswollte.

»Und jetzt«, fuhr er schließlich flüsternd fort, »frage ich mich, ob da was dran ist, also an dem, was sie zu dir sagen.«

Er vermied, das entscheidende Wort beim Namen zu nennen. Trotzdem schwebte es wie ein Gespenst über dem Couchtisch. Es stank. Jetzt glaubte also auch schon mein Vater, daß ich ein Schwuli war. Franks albernes Wortspiel geriet endgültig außer Kontrolle. Ich versuchte es mit der Wahrheit, aber auch mein Vater schien mir die Puli-Geschichte nicht recht abzukaufen. Besorgt zog er seine Augenbrauen hoch.

»Du weißt«, sagte er mit sanfter Stimme, »daß du immer zu mir kommen kannst. Wir kriegen das schon alles wieder hin. Glaub mir, wenn da was ist, dann kriegen wir das hin!«

Ich nickte und er nickte zurück. Es gab nichts, was es hinzukriegen gab, zumindest nichts, wobei mir mein Vater behilflich sein konnte. Vielleicht die Verlängerung meines Nachttischlampenkabels, aber selbst das würde wahrscheinlich gründlich in die Hose gehen. Ich stand auf. Meine Audienz war beendet.

Im Bett dachte ich an Pia. Ich war mir alles andere als sicher, ob es besonders toll war, eine Freundin zu haben. Womöglich müßte ich dann jeden Tag händchenhaltend mit ihr über den Pausenhof schlendern und sie am Bäckerstand zu Schoki und Mohrenköpfen einladen. Auch was das Küssen anging, hatte ich ernsthafte Bedenken. Seit neuestem war in der Schule nur noch von Zungenküssen die Rede. Dabei mußte man die Zunge zwischen den Lippen durchschieben und damit die Zunge des Mädchens berühren. So oder so ähnlich. Ich konnte mir nicht recht vorstellen, was ein Zungenkuß gegenüber einem normalen Kuß für einen Vorteil haben sollte, aber vorsichtshalber übte ich die Sache schon einmal vor dem Badezimmerspiegel. Die Hände auf den Waschbeckenrand gestützt, beugte ich mich nach vorne und preßte meinen Mund gegen das Spiegelglas. Es war kalt und schmeckte nach Putzmittel. Trotzdem drückte ich vorsichtig meine Zunge durch die Lippen, bis auch sie den Spiegel berührte. Es schien ganz einfach zu sein. Ich verharrte einen Augenblick und versuchte ein leises Schmatzgeräusch. Es quietschte. Mit entschlossenem Ruck zog ich meinen Mund zurück. Entsetzt sah ich, daß der Spiegel an der Kußstelle total verschmiert war. Ein erster Säuberungsversuch mit meinem Waschlappen verschlimmerte die Sache nur noch. Bei einem zweiten Versuch mit Klopapier, blieben zusätzlich auch noch Papierflusen am Glas kleben. Mein Lippenabdruck war zwar nicht mehr als solcher zu erkennen, dafür hatte er die Ausmaße eines Bierdeckels erreicht. Irgendwie würde ich die Sauerei erklären müssen.

Sämtliche Putzmittel waren im Küchenschrank. Ich überlegte hinunterzurennen, um den Glasreiniger zu holen, als ich Vaters Schritte auf der Treppe hörte. Abgeschnitten vom Rest der Wohnung unternahm ich einen letzten Rettungsversuch mit Mutters Parfüm. Ich zog mein T-Shirt über den Kopf und beträufelte eine Ärmelecke mit der goldgelben Flüssigkeit. Meine Aktion hatte Erfolg. In Sekunden war das Geschmier verschwunden. Dafür stank das ganze Badezimmer nach Mutters Parfüm. Ich riß das Fenster auf, aber da rüttelte auch schon mein Vater an der Badezimmertür.

»He, he«, hörte ich ihn von draußen maulen, »seit wann schließt du denn ab? Was sind denn das für neue Sitten?«

»Ich komme gleich«, rief ich zurück, »sitze nur noch auf dem Klo. Zwei Minuten noch!«

Während ich mit einem Badetuch versuchte, den Gestank aus dem Fenster zu wedeln, wurden die Rütteleien meines Vaters energischer.

»Du machst jetzt sofort auf, sonst setzt es was!«

Ich hängte das Handtuch zurück auf den Ständer und schloß auf. Noch ehe ich die Klinke herunterdrücken konnte, hatte mein Vater die Tür auch schon aufgerissen. Der Ärger, der ihm ins Gesicht geschrieben stand, verwandelte sich binnen kürzester Zeit in Verwunderung. Er zog die Nase kraus und begann wie ein Spürhund herumzuschnüffeln. Entgeistert sah er mich an. Sein Gesichtausdruck war der gleiche wie der bei seiner Jokerfrage auf dem Dachboden. Ohne Kommentar drückte ich mich an ihm vorbei und verbarrikadierte mich in meinem Zimmer. Ich konnte mir ziemlich genau vorstellen, was in seinem Kopf herumspukte. Vermutlich ging es ihm nicht sonderlich gut damit. Aber schließlich war es ja nicht meine Schuld, daß er alles glaubte, was er auf der Straße aufschnappte.

Pia hatte neuerdings Hochkonjunktur. Was ihren Busen anging, machten die anderen Mädchen zwar zusehends Boden gut, überholt aber hatte sie keine. Das, was früher *Riesentitten* geheißen hatte, hieß jetzt nur noch *gut entwickelt*. Einige der Jungs in unserer Klasse machten kein Geheimnis daraus, daß sie die guten Entwicklungen gerne näher studieren wollten. Auch sonst rangierte Pia auf einem der vordersten Plätze. Was den allgemeinen Ergeiz, als erster bei ihr zu landen, noch mehr anstachelte, war, daß sie sich auf den Partys ziemlich bockig stellte. Während Ulrike, Kerstin und auch Sylvia für Knutschereien ziemlich leicht zu haben waren, stellte sich Pia beharrlich quer. Trotzdem wurde sie immer wieder eingeladen.

Auch ich stand für Knutschereien nicht zur Verfügung. Das lag weniger an mir als vielmehr an den Mädchen, die bei aller Freizügigkeit noch immer wählerisch waren. Ohnehin fanden die meisten der Partys mittlerweile ohne mich statt. Es war offensichtlich, daß ich nicht nur in der Fußballmannschaft aus der Stammformation herausgeflogen war. Da die Partys am nächsten Tag in der Schule ausgiebig diskutiert wurden, war ich trotzdem einigermaßen auf dem laufenden. Am meisten interessierte mich dabei, ob irgend jemand bei Pia gelandet war. Ich war froh, wenn ihr Name in den Berichten nur am Rande auftauchte. Das war der beste Beweis, daß sie einmal mehr standhaft geblieben war.

Ich war überzeugt davon, daß es für Pias Zurückhaltung nur drei Gründe geben konnte. Erstens, sie wollte die Jungs zappeln lassen, zweitens, ihre Eltern hatten es ihr verboten und drittens, sie wartete auf mich. Je länger ich nachdachte, desto eindeutiger schien mir alles für die dritte Variante zu sprechen. Daß Pia neuerdings wieder nett zu mir war, konnte kein Zufall sein. Hartmut und Frank, die die offiziellen Hauptanwärter auf Pia waren, schienen das ganz ähnlich zu sehen. Dabei hatte mich Pia im Pausenhof nur kurz untergehakt und gleich wieder losgelassen.

»Paß gut auf«, drohte mir Frank, »daß du uns die Tour nicht vermasselst. Sonst gibt's einen auf die Glocke, kapiert?«

Hartmut nickte und ballte seine rechte Faust, sagte selbst aber nichts. In Sachen Pia schien Frank der Wortführer zu sein. Wie Hartmut hatte auch er sich die Haare über den Winter bis auf die Schultern wachsen lassen. Daß sie ihm so ständig vorm Gesicht herumhingen, schien ihn nicht weiter zu stören. Auch sonst machte er Hartmut alles nach. Seit neuestem rauchte er sogar, und das, obwohl er dabei immer husten mußte. Frank war auf dem besten Weg, genauso ein Arschloch zu werden wie Hartmut. Mit unserer Freundschaft war es endgültig vorbei.

Ich zuckte mit den Schultern und tat auch sonst so, als ob ich von nichts eine Ahnung hätte. Natürlich hatte ich Angst, wirklich einen auf die Glocke zu kriegen. Gleichzeitig aber war ich auch ein bißchen stolz. Offensichtlich nahmen mich Hartmut und Frank als Konkurrenten ernst, und das war schon so etwas wie eine Auszeichnung. Ich nickte, um die beiden für den Moment nicht noch mehr zu verärgern. Immerhin hatte mich Hartmut in der Zwischenzeit bereits am Jackenärmel gepackt und machte ein grimmiges Gesicht. Spätestens wenn es um Mädchen ging, hörte der Spaß endgültig auf.

Kurz nachdem sich die beiden verdrückt hatten, stand Pia neben mir.

»Keine Angst«, sagte sie, »die tun nur so.«

Pia schien keinen Zweifel daran zu haben, daß es bei unserem Streit um sie gegangen war. Sie hakte mich noch einmal unter und schlenderte mit mir über den ganzen Schulhof. Hartmut und Frank verfolgten uns mit giftigen Blicken. Ich befürchtete, daß der Spaziergang kein besonders gutes Ende für mich nehmen würde. Auch Ellen schaute uns hinterher. Sie sah aus, als erlebte sie gerade die größte Enttäuschung ihres Lebens. Vielleicht hatte sie tatsächlich geglaubt, ich wäre in sie verliebt. Mit ihrer roten Schnupfennase sah sie aus wie ein trauriger Clown.

Pia bestimmte jeden unserer Schritte. Ich folgte ihr wie ein treuer Schäferhund. Obwohl ich mich bemühte, meinen Blick stur vor mir auf den Pflastersteinen des Pausenhofs zu halten, spürte ich die spöttischen Grimassen unserer Mitschüler. Überall wurde getuschelt. Pia schien das nicht im geringsten zu stören. Sie zog mich so nahe zu sich heran, daß mein Arm gegen ihren Busen drückte. Es schien mir nicht gut, daß er dort war, aber ich wußte nicht, was ich dagegen tun sollte. Überhaupt wußte ich vieles nicht. Schon gar nicht, ob Pia jetzt meine Freundin war. Immerhin hatte das, was wir taten, eine ganze Menge mit *miteinander gehen* zu tun. Und vielleicht würde Pia schon im nächsten Moment mit wilden Zungenküssen über mich herfallen. Mitten auf dem Pausenhof oder, was mir noch bedrohlicher erschien, in einem geheimen Winkel hinter dem Schulhaus. Ich schwitzte. Trotz meiner Übungen vor dem Badezimmerspiegel hatte ich Angst, kläglich zu versagen. Wahrscheinlich erkannte man einen Anfänger schon beim ersten Zungenkontakt.

Mit einem überraschenden Manöver drückte mich Pia hinter einen Betonpfeiler und ließ mich los. Keuchend stemmte sie sich ihre Arme in die Seite. Unter den Ärmeln ihres T-Shirts zeichneten sich kleine Schwitzflecken ab.

»So«, sagte sie, »Ende der Vorstellung. Die haben genug gesehen für heute. Was meinst du?«

Ich meinte überhaupt nichts.

»Das machen wir jetzt jede Pause«, fuhr Pia fort, »solange, bis ihnen ihre Glotzer aus dem Kopf fallen.«

Jetzt brachte ich immerhin ein zaghaftes Nicken zustande. Eigentlich war mir eher nach Kopfschütteln zumute, aber Nicken schien irgendwie einfacher zu sein. Pia lugte um den Pfeiler.

»Sie glotzen immer noch«, sagte sie, »das schlucken die nicht so schnell.«

Das allerdings befürchtete ich auch. Nach der letzten Schulstunde raste ich als erster aus dem Klassenzimmer und war vor allen anderen am Fahrradständer. Mit einem Blitzstart den Schulhügel hinunter wollte ich meine Verfolger abhängen. Die freilich schienen meinen Plan durchschaut zu haben. Mein Fahrrad hatte zwei saubere Platten. Dort wo sonst die Ventile steckten, grinsten mir hämisch zwei Gänseblümchen entgegen. Obwohl mir eine Flucht zu Fuß einigermaßen aussichtslos erschien, packte ich mein Rad und rannte den Hügel hinunter. Statt Hartmut oder Frank war es Pia, die kurz darauf mit ihrem Fahrrad neben mir auftauchte.

»Scheiße«, sagte sie, als sie meine Platten sah, »so eine Gemeinheit. Das werden die mir büßen.«

»Mir auch!« erwiderte ich und versuchte, ein zu allem entschlossenes Gesicht zu machen. In Wahrheit wollte ich mir nicht noch mehr Ärger einhandeln. Ich hatte keine Lust, eines Tages mit zwei Veilchen nach Hause zu kommen. Trotzdem wollte ich vor Pia nicht als Feigling dastehen.

Als sie mich am nächsten Tag im Pausenhof erneut unterhakte, leistete ich keine Gegenwehr. Im Vergleich zum Vortag lief ich schon ein bißchen selbstbewußter neben ihr her. Zwar glotzten uns Hartmut und Frank auch weiter giftig an, die neidischen Blicke der anderen aber begannen mir zu gefallen. Niemand schien mehr ernsthaft zu bezweifeln, daß Pia und ich miteinander gingen. Ab sofort gehörte ich zu denen, die Erfahrung hatten. Nur wenige schienen dabei zu ahnen, daß sich außerhalb des Schulhofs ziemlich wenig zwischen uns abspielte. Ein einziges Mal hatte ich mich getraut, Pia für den Nachmittag zum Federballspielen einzuladen, aber da hatte sie schon etwas vorgehabt. Sie selbst lud mich gar nicht ein. Möglicherweise hatte sie Angst, daß ich zu ungestüm sein könnte. Wahrscheinlich hatte sie genausowenig Ahnung von Zungenküssen wie ich und wollte nicht überrumpelt werden. Wenn dem so war, dann sollte mir das schon recht sein. Von mir aus konnte sie sich damit soviel Zeit lassen, wie sie wollte.

Ich nutzte die Schonfrist zu weiteren Kußübungen. Statt dem Badezimmerspiegel benutzte ich jetzt meinen Unterarm. Ich probierte unterschiedliche Techniken, vom vorsichtigen Betupfen mit der Zungenspitze bis hin zum feuchten Lecken, aber keine davon schien mir wirklich einleuchtend zu sein. Wahrscheinlich ließ sich die Sache am Ende doch nur zu zweit ausprobieren.

Was Hartmut und Frank anging, hatte ich auch weiterhin nicht viel zu lachen. Sie drohten mir, wo immer sie mich trafen. Daß ein anderer bei Pia das Rennen gemacht hatte, war eine bittere Pille für sie. Immer wieder montierten sie mir Teile von meinem Fahrrad ab oder rempelten mich an, wenn Pia gerade nicht in der Nähe war. Sie waren ziemlich schlechte Verlierer.

Ich lud Pia ein zweites Mal ein, dieses Mal ins Kino, aber sie hatte wieder keine Zeit. Im Kino, so hatte ich mir ausgedacht, war man allein genug, um ein bißchen Händchenhalten zu können, aber gleichzeitig doch auch nicht so allein, daß man Schlimmeres befürchten mußte. Es schien mir der ideale Ort zu sein, um ein vorsichtiges Stück weiterzukommen. Pias Entschuldigung, sie müsse ihrer Mutter im Garten helfen, klang ein bißchen nach Ausrede, aber ich wollte nicht mißtrauisch sein. Vielleicht wollte sie sich auch mit dem Händchenhalten noch Zeit lassen.

Bald allerdings wollte sie auch nichts mehr von unseren gemeinsamen Runden über den Schulhof wissen.

Dabei hatten sich Hartmut und Frank endlich an unseren Anblick gewöhnt. Seit zwei Tagen schon hatten sie mir nicht mehr gedroht. Ich nahm all meinen Mut zusammen und steckte Pia selbst die Hand unter den Arm. Wild schlenkernd schüttelte sie mich ab.

»Laß das«, giftete sie mich an, »macht doch keinen Spaß mehr, wenn sich keiner aufregt.«

Ich befürchtete, daß man ihr Geschrei über den ganzen Schulhof hörte. Hartmut stand in der Nähe des Bäckerwagens und grinste zu uns herüber. Pia winkte ihm flüchtig zu.

»Heißt das«, flüsterte ich, »daß du nicht mehr mit mir gehen willst?«

Pia glotzte mich an, als hätte ich ihr vorgeschlagen, mich zu heiraten. Schon im nächsten Moment brach sie in helles Gelächter aus.

»Du hast doch wohl nicht im Ernst geglaubt, daß wir miteinander gehen. Das hast du doch nicht wirklich geglaubt, oder?«

Das Lachen drückte ihr Tränen in die Augen. Ihr Gesicht verzog sich zu schrecklichen Grimassen. Unter ihrer Bluse hüpften ihre Riesenbrüste wie Gummibälle. Von einer Sekunde auf die nächste fand ich sie häßlicher als jedes andere Mädchen in der Klasse. Häßlicher noch als Ellen, und das wollte etwas heißen.

»Das ist ja echt der Hit!« prustete sie weiter. »Wir beide und miteinander gehen? Du bist ja noch nicht mal im Stimmbruch.«

Sie schüttelte den Kopf und drehte sich um. Ohne mich noch einmal anzusehen, ließ sie mich stehen und lief direkt zu Ulrike und Sylvia. Angesteckt von Pia hielten auch sie sich schon bald vor Lachen den Bauch. Ihr Gelächter dröhnte bis zu mir. Kurz darauf standen auch Hartmut und Frank mit dabei. Ich schaute weg. Noch vor der Zeit ging ich zurück ins Schulhaus, holte meinen Ranzen aus dem Klassenzimmer und fuhr nach Hause. Meiner Mutter erzählte ich, mir wäre übel, und das war noch nicht einmal gelogen. Ich nahm mir vor, nie mehr in die Schule zu gehen, aber schon am nächsten Morgen kannte meine Mutter kein Erbarmen und schmiß mich zur gewohnten Zeit aus dem Bett.

»Na«, fragte sie beim Frühstück, »wieder alles in Ordnung?«

Ich zuckte die Schultern. Wortlos schmierte ich mir mein Marmeladenbrot. Was ich jetzt am allerwenigsten gebrauchen konnte, waren dumme Fragen.

»Oder hat der Herr vielleicht Liebeskummer?« hakte Mutter nach. »So was soll es ja geben in deinem Alter. Ist es vielleicht das Mädchen, das dich neulich nach Hause gebracht hat?«

Mein Vater sagte nichts. Er verschanzte sich hinter seiner Zeitung und ließ sich nicht anmerken, ob er überhaupt zuhörte. Auch Anka sagte nichts. Dabei hatte sie von allen am Tisch vermutlich die meiste Erfahrung mit Liebeskummer.

»Jetzt sag schon«, bohrte Mutter weiter, »wie heißt sie denn, deine Auserwählte? Laß dir doch nicht alles aus der Nase ziehen.«

Ihre Fragerei wollte kein Ende nehmen.

»Sag mal«, ergriff überraschend Anka das Wort, »geht dir dein Gequatsche eigentlich nicht langsam selber auf die Nerven? Jetzt laß Jakob doch endlich in Ruhe, wenn er nichts sagen will.«

Ich fand Ankas Auftritt sensationell, Vater fand ihn immerhin noch amüsant, Mutter allerdings fand ihn ziemlich unverschämt.

»Man wird sich ja wohl noch erkundigen dürfen, wie es seinen Kindern geht«, motzte sie über den Tisch, »oder ist das unserem Fräulein Tochter auch schon wieder nicht recht.«

Anka verdrehte die Augen und stand auf. Zwei Minuten später war sie aus dem Haus. Ich versuchte sie auf dem Schulweg einzuholen, konnte sie aber nirgends finden. Dafür traf ich Volker, der sich kurz vor der Schule mit seinem Fahrrad an meine Seite hängte. Er fragte mich, warum ich gestern mitten am Tag verschwunden wäre, und was mit Pia sei, und ob wir jetzt miteinander gingen oder nicht.

»Sag mal«, fragte ich zurück, »geht dir dein Gequatsche eigentlich nicht langsam selber auf die Nerven?«

Mein Auftritt war nicht halb so gut wie der von Anka. Trotzdem zeigte er Wirkung. Beleidigt stieg Volker ab. Um mir aus dem Weg zu gehen, stellte er sein Fahrrad an der Turnhalle ab. Schon während der Schule tat mir mein Anpfiff leid. Volker hatte einfach keine Erfahrung mit Mädchen. Wie sollte er schon wissen, was es hieß, enttäuscht zu werden. Ich besuchte ihn am Nachmittag, um mich wieder mit ihm zu versöhnen.

»Und«, fragte er, »hast du sie auch geküßt? Mit Zunge und so!«

Ich überlegte und schüttelte schließlich den Kopf. Volker schien beruhigt.

»Ich glaube«, sagte er, »das ist ganz schön kompliziert mit den Mädchen.«

Ich nickte. Das glaubte ich auch.

Reifeprüfung

Der Sommer begann vielversprechend. Meine Messungen von *P.schl.* und *P.st.* ergaben neue Spitzenwerte von 6,0 und 11,1. Außerdem zeigten sich oberhalb meines Pimmels erste Haare. Noch waren es wenige. Meine Zählungen schwankten zwischen fünfunddreißig und vierzig. Auf alle Fälle waren es mehr als bei Benny und Volker. Was Haare anging, waren sie echte Spätzünder. Hartmut nannte das *glatt wie eine rasierte Sau*, und alle, außer Benny und Volker, lachten darüber. Manchmal, das mußte ich schon zugeben, konnte Hartmut richtig witzig sein.

Seit meine Haare wuchsen, machte auch das Duschen nach dem Sportunterricht wieder mehr Spaß. Meistens zog ich meine Unterhose schon in der Umkleidekabine aus und ging völlig nackt, mein Handtuch locker über die Schulter geworfen, in den Duschraum. Dabei entging mir nicht, wie neidisch Volker und Benny an mir heruntersahen. Im Wettkampf um den letzten Haarlosen der Klasse konnten sie mit mir ganz sicher nicht mehr rechnen.

Frank hatte mittlerweile schon einen richtigen Buschen, aber dafür hatte sein Pimmel noch immer diesen häßlichen Haken. Ich glaubte nicht, daß er irgendwann noch einmal gerade werden würde. Was das Bumsen anging, hatte ich so meine Bedenken, ob er sein krummes Ding jemals in ein Mädchen reinkriegen würde. Dabei war er es, der in den Pausen immer wieder davon anfing. Er ging inzwischen mit Ulrike, und angeblich hatten sie sogar schon einmal darüber gesprochen. Bei Kerzenlicht, wie gemunkelt wurde. Ich fragte mich, ob er mit ihr auch schon über seinen Hakenpimmel gesprochen hatte, aber darüber verlor er uns gegenüber kein Wort.

Nach Pfingsten machte ein anderes Gerücht die Runde. Wenn man mit den Fingern auf den Pimmel drückte und dabei Milch herauskam, dann, so hieß es, war man *reif*. Das jedenfalls sagte Volker, und der hatte es direkt von Hartmut, der offensichtlich keinen Zweifel daran gelassen hatte, daß bei ihm jede Menge dieser Milch herauskam.

»Und«, fragte ich Volker, »bist du?«

Er schüttelte den Kopf. Angeblich hatte er es noch gar nicht richtig ausprobiert, aber das war natürlich eine Lüge. Ich jedenfalls probierte es fortan jeden Tag. Manchmal schon vormittags auf der Schultoilette, aber auch bei mir blieb der Erfolg aus. *Reif* wurde zu einem neuen Zauberwort. Es schien mehr zu bedeuten als Haare und Stimmbruch zusammen. Ich wußte nicht, ob es eine genau festgelegte Reihenfolge gab, aber ich nahm an, daß reif sein so etwas wie die Krönung war.

Pia hatte seit unseren gemeinsamen Spaziergängen auf dem Schulhof nicht mehr viel für mich übrig. Sie ging mittlerweile mit einem Jungen aus der Neunten, der in derselben Straße wohnte wie sie und schon ein Mofa hatte. Vor und nach der Schule saß sie auf seinem Gepäckträger, und so, wie sie sich dabei an ihn schmiegte, konnte man sich den Rest leicht zusammenreimen. Ich begann, ihnen nachzuspionieren. Das, was ich dabei zu sehen bekam, gefiel mir gar nicht. Ihr Lieblingsplatz war eine einsame Bank am Waldrand, nicht weit vom Bolzplatz. Sobald sie glaubten, unbeobachtet zu sein, begann der Typ an ihrer Bluse herumzufingern. Seine Hand knetete an ihrem Busen herum und verschwand in ihrem Ausschnitt. Pia schien absolut nichts dagegen zu haben. Sie schloß die Augen und ließ ihren Kopf in den Nacken fallen. Ich konnte es aus meinem Versteck nicht hören, aber ich glaubte, daß sie stöhnte. Pia war eine einzige Enttäuschung.

Mein 14. Geburtstag fiel auf einen Donnerstag. Er begann mit einer Katastrophe. Schon beim Aufwachen spürte ich, wie mir der Stoff meiner Schlafanzugshose klatschnaß auf der Haut klebte. Ich schlug die Augen auf. Fassungslos starrte ich ins Halbdunkel meines Zimmers. Ich war mir sicher, seit wenigstens zehn Jahren nicht mehr ins Bett gepinkelt zu haben. Vorsichtig schlug ich die Decke zurück und tastete mit den Fingern nach dem dunklen Fleck, der sich auf meiner Schlafanzugshose abzeichnete. Er fühlte sich nicht nur naß, sondern auch ziemlich schmierig an. Ich beschnupperte meine Finger. Es roch ekelhaft. Eine Untersuchung der Innenseite meiner Hose endete vollends im Geschmier. Meine Finger glitschten über meinen Bauch, als wäre er frisch eingeseift. Im selben Augenblick stürmte meine Mutter ins Zimmer und knipste ohne Vorwarnung die Deckenlampe an. Mit einem Rest von Geistesgegenwart riß ich meine Bettdecke nach oben.

»Wieder ein Jahr!« flötete meine Mutter und beugte sich am Kopfende meines Betts zu mir herunter. »Herzlichen Glückwunsch zum Geburtstag, mein Lieber.«

Ihr unvermeidlicher Kuß auf die Backe löste einen Anflug von Panik in mir aus. Ich hatte noch immer den Geruch meiner Finger in der Nase. Das Gesicht meiner Mutter war gefährlich nah. Zum Glück hatte sie sich bereits für den Tag einparfümiert. Sie schien nichts zu bemerken. Trotzdem rechnete ich mit dem Schlimmsten, als sie sich auf meiner Bettkante niederließ und anfing mir die Haare zu kraulen. Ewig würde ihre Parfümwolke ganz sicher nicht gegen das Geschmier in meiner Hose anstinken können.

Ich krallte mich von innen in meine Decke, um möglichen Überraschungsangriffen zuvorzukommen. Meine Finger klebten, als hätte ich in einen Eimer Tapetenkleister gefaßt.

»Komm«, sagte meine Mutter, »unten wartet schon alles auf dich!«

Sie versuchte tatsächlich, mir die Decke wegzuziehen, aber ich hielt mit aller Kraft dagegen.

»Was ist, bist du nicht neugierig?«

»Doch, doch«, stammelte ich, »ich komm gleich. Ich muß mich nur noch einen Moment ausruhen.«

Meine Mutter runzelte die Stirn. Sie schien sich an all die vergangenen Geburtstage zu erinnern, an denen ich schon um fünf Uhr an der Schlafzimmertür darum gebettelt hatte, endlich nach unten gehen zu dürfen. Kopfschüttelnd stand sie auf und ging aus dem Zimmer.

»Ich glaube, dein Sohn ist krank«, hörte ich sie auf dem Flur sagen, »stell dir vor, er will tatsächlich noch liegenbleiben.«

Von meinem Vater hörte ich nur die Schritte auf der Dachbodentreppe. Er sagte nichts. Vielleicht nickte er oder schüttelte den Kopf. Durch den offenen Spalt meiner Zimmertür erkannte ich nur den Zipfel seines Bademantels.

Was die Soße in meiner Hose anging, kam mir ein Verdacht. Die Knie als Sichtschutz aufgestellt, schlug ich die Decke zurück und machte mich frei. Meine Haut glänzte im Licht der Strahler. Die wenigen Haare waren miteinander verklebt und sahen noch spärlicher aus als sonst. Ich drückte ein paar Mal fest auf meinen Pimmel, aber außer, daß es ein bißchen wehtat, passierte nichts. Trotzdem konnte das Geschmier in meiner Hose Großes bedeuten.

»Jakob«, hörte ich meine Mutter von unten rufen, »jetzt komm doch endlich! Wir wollen doch noch Geschenke auspacken.«

Ich sprang aus dem Bett und schälte mich aus meinem Schlafanzug. So gut es ging wischte ich mich mit den Hosenbeinen trocken. Anschließend sah die Hose noch schlimmer aus. Sie einfach wieder zurück ins Bett zu schmeißen, war ein Ding der Unmöglichkeit. Ich war nicht sonderlich scharf darauf, sie nach der Schule an Mutters Händen vor meiner Nase herumbaumeln zu sehen und peinliche Fragen gestellt zu kriegen. Irgend etwas mußte mit ihr geschehen. Ich überlegte, sie im Bad auszuwaschen und zum Trocknen über die Heizung zu hängen, aber das war auch keine Lösung. Eine frisch gewaschene Schlafanzugshose war genauso verdächtig wie eine mit schmierigen Stinkflecken.

»Jakob!«

Mutters Rufe wurden ungeduldiger. Mein Blick hastete durchs Zimmer. Am Regal sah ich meinen offenen Schulranzen lehnen. Vielleicht war das nicht die beste Lösung, aber es war die einzige, die mir auf die Schnelle einfiel. Hektisch verstaute ich die Schlafanzugshose unter meinen Büchern. Fürs erste war ich gerettet.

Obwohl die Geschenke dieses Mal besonders großzügig ausfielen, war ich mit meinen Gedanken nicht recht bei der Sache. Besonders der Kassettenrecorder, den mir meine Eltern gekauft hatten, hätte ein bißchen mehr Begeisterung verdient gehabt. Monatelang war ich ihnen damit in den Ohren gelegen. Jetzt schienen sie enttäuscht.

»Mach ihn doch wenigstens mal an!« drängte meine Mutter und deutete mit dem Finger auf den Startknopf.

Ich drückte, aber nichts passierte.

»Das haben wir gleich!« sagte mein Vater.

Er drückte die Open-Taste und drehte die Kassette um. Auf der anderen Seite hörte man wenigstens so etwas ähnliches wie ein Rauschen. Mutter warf Vater einen giftigen Blick zu. Offensichtlich hatte er gleich die erste Aufnahme versaut.

Das Päckchen meiner Oma hob ich mir bis zum Schluß auf. Ich wußte schon, was drin war. Jeder wußte es, es war immer dasselbe. Am liebsten hätte ich es gar nicht aufgepackt, aber Mutter bestand darauf.

»Jetzt mach schon«, sagte sie, »vielleicht ist es ja dieses Mal kein Schlafanzug.«

Es waren gleich zwei. Sie hatten dieselbe Farbe und dasselbe Muster wie der der letzten Nacht. Der einzige Unterschied war der fehlende Fleck auf der Vorderseite.

»Na prima«, sagte meine Mutter, »da können wir bei den alten ja endlich mal wieder ausmisten.«

Ich erschrak. Ausmisten war eine ihrer wenigen Leidenschaften im Haushalt. An Gründlichkeit war sie darin kaum zu übertreffen. Nur allzu deutlich hatte ich vor Augen, wie sie in allen Bettritzen nach meiner Schlafanzugshose suchen würde. Spätestens nach dem Mittagessen würde sie mich zur Rede stellen.

In der Schule gingen die Probleme weiter. Mein ganzer Schulranzen stank nach meiner Schlafanzugshose. Ich traute mich nicht, ihn länger als zwei oder drei Sekunden zu öffnen. Zudem hatte der Fleck zwei Schulhefte und das untere rechte Eck meines Biologiebuchs versaut, das, wie alle meine Schulbücher, nur geliehen war. Frau Tretschok, die die Schulbuchausgabe unter ihren Fittichen hatte, würde sicher eine Erklärung von mir verlangen. Die Seiten begannen bereits aneinander festzukleben und machten beim Umblättern schmatzende Geräusche.

Immer wieder schaute ich mich ängstlich um, ob die anderen schon Verdacht schöpften.

In der Pause stand ich gerade am Papierkorb und spitzte meinen Bleistift, als ich Volker an den Schnallen meines Ranzens herumnesteln sah. Ich raste zurück an meinem Platz und versetzte ihm einen solchen Tritt in den Hintern, daß es ihn der Länge nach hinstreckte. Vollkommen verdattert starrte er mich an.

»Spinnst du«, stammelte er, »ich wollte mir doch nur dein Mathebuch ausleihen.«

»Hier wird nichts ausgeliehen«, keifte ich ihn an, »nicht ohne meine Erlaubnis.«

Schnell hatte sich eine kleine Gruppe um uns gebildet. Auch die anderen schienen zu glauben, daß ich nicht mehr ganz bei Trost war. Ich entschuldigte mich bei Volker und zog ihn zurück auf die Beine. Damit allerdings war die Sache längst noch nicht ausgestanden. Mein Schulranzen hatte jede Menge unliebsame Aufmerksamkeit auf sich gezogen. Es war Tilmann, der als erster auf die Idee kam, daß ich etwas darin versteckt hielt.

»Liebesbriefe«, sagte er, »stapelweise Liebesbriefe.«

»Nein, nein«, rief Hartmut, »Sexheftchen! Sexheftchen von seinem Papi.« Er drehte sich um und wackelte mit dem Hintern. »Lauter nackte Ärsche!«

Das ganze Klassenzimmer lachte. Hartmut grunzte und machte ein paar Schimpansenbewegungen. Am liebsten hätte ich ihm gleich auch noch eine hinten reingetreten, aber ich hatte keine große Lust, zu allem Übel auch noch verprügelt zu werden. Irgendwann, da war ich mir sicher, würde er die gerechte Strafe für seine Gemeinheiten schon kriegen.

Den Rest des Schultages war ich damit beschäftigt, meinen Ranzen vor den anderen zu verteidigen. In meinen wüstesten Phantasien stellte ich mir bereits vor, wie Frank und Hartmut meine verfleckte Hose unter dem tosenden Beifall der anderen am Kartenständer hißten. Ich beschloß, meinen Schulranzen nicht mehr aus den Augen zu lassen. In den Hofpausen trug ich ihn fest umklammert mit mir herum. Im Vergleich dazu, was mir bei der Entdeckung meiner Hose blühte, war das Gespött meiner Klassenkameraden eine Kleinigkeit.

Mein seltsamer Anblick machte unterdessen sogar die Pausenaufsicht mißtrauisch. Herr Imhofer stellte mich zur Rede und wollte mich bereits zum Direktor schleppen, als mir im letzten Moment zwei rauchende Zehntkläßler zu Hilfe kamen. Er nahm ihre Verfolgung auf und ließ mich kurzerhand stehen. Wenig später führte er die beiden mit glänzenden Augen ab. Mich schien er über seinen Jagderfolg vergessen zu haben. Trotzdem blieb ich auch für den Rest der Pause auf der Hut.

Zu Hause schien meine Mutter meine fehlende Schlafanzugshose noch nicht vermißt zu haben. Sie lag mit der Zeitung auf dem Sofa und stellte keine Fragen. Ich ging auf mein Zimmer. Der Kleiderschrank war, soweit ich das auf die Schnelle beurteilen konnte, unangetastet geblieben. Auch mein Bett sah noch genauso aus, wie ich es am Morgen zurückgelassen hatte. Ich schloß die Tür und packte aus. Der Fleck auf meiner Hose war mittlerweile eingetrocknet und hatte dabei weiße Ränder hinterlassen. Außerdem war er ganz hart geworden. Der ekelhafte Geruch hingegen war verflogen.

Auch wenn die Spuren der nächtlichen Überschwemmung nicht mehr ganz so offensichtlich waren wie noch am Morgen, waren sie kaum zu übersehen. Als meine Mutter am Nachmittag zum Einkaufen ging, wusch ich die Ränder mit Seifenwasser aus und trocknete die Hose anschließend mit dem Fön. Zufrieden betrachtete ich mein Werk. Der Stoff hatte ein bißchen Farbe verloren, aber um das zu erkennen, mußte man schon einen bestimmten Verdacht haben.

Was *meinen* Verdacht anging, lag ich goldrichtig. Mit Drücken alleine erreichte ich zwar nicht viel, aber nachdem ich meine Finger eine Weile hin- und herbewegt hatte, schoß tatsächlich eine weiße Fontäne aus meinem Pimmel. Kurz davor hatte es im ganzen Körper wohlig gekribbelt. So wohlig, daß ich es bald schon jeden Tag machte. Manchmal sogar öfter. Hatte ich beim ersten Mal mit dem Strahl noch das ganze Waschbecken verkleckert, hielt ich mir in der Folge als Auffangvorrichtung ein zusammengelegtes Stück Klopapier vor. Außer, daß die Soße manchmal in meine Hand durchmatschte, blieb so alles sauber. Daran, daß ich *reif* war, konnte kein Zweifel mehr bestehen. Vielleicht hatten Hartmut, Frank und Tilmann noch ein paar Schamhaare Vorsprung, aber das war auch schon alles. Spätestens bis zum Herbst würde ich sie endgültig eingeholt haben.

Pia hatte ihrem Mofafritzen den Laufpaß gegeben und stellte sich, wie Volker mir erzählte, auf den Partys wieder ziemlich zickig an. Das war zum Ende des Schuljahres noch einmal eine gute Nachricht. Daß Hartmut auch dieses Jahr mit Ach und Krach versetzt wurde, war hingegen eine schlechte Nachricht. Aus unerfindlichen Gründen hatte ihm Herr Häfele in Französisch eine Vier geschenkt, und so war er einmal mehr knapp am Abgrund vorbeigeschlittert. Irgendwie mußte ich mich wohl damit abfinden, ihn bis zum Ende meiner Schulzeit am Hals zu haben. Es gab Dinge, die ließen sich einfach nicht aus der Welt schaffen. Das sagte auch meine Oma. Und was bei ihr das Rheuma war, war bei mir eben Hartmut. Da half es auch nichts, vor dem Einschlafen den lieben Gott anzuflehen. Meine Oma tat es trotzdem. Aus schlechter

Gewohnheit, wie sie sagte. Aber mit so etwas wollte ich gar nicht erst anfangen.

Verpuffungen

Zu Beginn des neuen Schuljahres hatte auch Hartmut ein Mofa. Er hatte auf beiden Seiten des Lenkers Außenspiegel montiert und sämtliche Kabel mit blau-weißem Spiralband umwickelt. Auf dem Tank stand mit schwarzen Klebebuchstaben *Champion*. Ich war mir nicht sicher, ob er damit sich oder sein Mofa meinte, aber ich tippte, daß es für beide galt.

Hartmut behauptete, seine Maschine sei komplett frisiert. Er faselte von Ritzeln und Pfeifen und aufgebohrten Vergasern und davon, daß er letzte Woche mit exakt 48 durch den Ort gedonnert sei. Zum Glück sei keine Polizei um die Ecke gewesen, sonst hätte er sein Mofa gleich abgeben können. 48 schien mir in der Tat ziemlich rekordverdächtig zu sein. Pias Mofa-Typ hatte seins kaum über 35 gebracht, und mit Pia auf dem Gepäckträger war wahrscheinlich schon bei 20 Schluß gewesen. Er mochte sich in ihrer Bluse auskennen, von Ritzeln und Vergasern hatte er keine Ahnung. Vielleicht hatte sie ihm am Ende ja deshalb den Laufpaß gegeben. Mädchen machten manchmal die sonderbarsten Dinge.

Nach der Schule durfte jeder eine Runde auf Hartmuts Mofa drehen. Daß außer ihm noch keiner fünfzehn war, schien ihn dabei nicht weiter zu stören. Ich rechnete damit, daß er mir allenfalls ein paar kurze Kurven über den Parkplatz erlauben würde, aber zu meiner Verwunderung genehmigte er auch mir eine komplette Runde ums Schulgelände. Eine qualmende Zigarette im Mundwinkel, erklärte er mir Gas und Bremsen und die Knöpfe und Hebel, die ich unter gar keinen Umständen betätigen durfte. Angeblich konnte einem dabei die ganze Maschine um die Ohren fliegen.

Hartmuts Nierengurt lose um den Bauch gewickelt, rollte ich vom Fahrradparkplatz. Schon nach wenigen Metern war ich in einer anderen Welt. Obwohl ich noch gar nicht richtig Gas gegeben hatte, krallte sich bereits der Fahrtwind in meine Jacke und zog mich auf dem Sitz nach hinten. Meine Haare, die ich seit den Osterferien nicht mehr geschnitten hatte, fingen an, wild herumzuflattern und schlugen mir immer wieder in die Augen. Trotzdem drehte ich weiter auf. Sofort wurde der Motor zwischen meinen Füßen lauter. Die Griffe vibrierten. Ich gab ein bißchen nach, und der Motor wurde leiser. Er gehorchte mir aufs Wort.

Die Autos entlang der Straße verschwammen zu bunten Streifen. Die Welt bestand nur noch aus einem schmalen Band Asphalt und einem schwarzen Reifen, der es durchschnitt. Vor der ersten Kurve nahm ich das Gas zurück. Ich betastete die grobe Riffelung des Griffgummis. Alles fühlte sich an wie bei einem richtigen Motorrad. Vermutlich roch es auch so, aber das konnte ich im Moment nicht überprüfen. Meine Schräglage in der Kurve verlangte vollste Konzentration. Ich stellte den rechten Fuß aus und ließ ihn wie ein drittes Rad über die Fahrbahn schlittern. So ähnlich machten es auch die Profis beim Motorradrennen. Das hatte ich erst vor kurzem im Fernsehen gesehen.

Nach der Kurve drehte ich auf. Auf der ersten Gerade kam ich auf 36, auf der zweiten auf 39, und auf der dritten lag ich schon knapp über 43. Der Motor röhrte wie eine Kawasaki. Hartmut hatte nicht übertrieben, sein Mofa war wirklich eine Höllenmaschine. Ich legte mich zwischen den Rückspiegeln über den Lenker, um noch windschnittiger zu sein. Mir tränten die Augen. Kurz vor dem

Parkplatz zitterte der rote Tachozeiger bereits oberhalb der 45er-Markierung. Links und rechts der Straße standen meine Klassenkameraden und winkten mir aufgeregt zu. Hartmut gab mir eindeutige Stop-Signale, aber ich war viel zu schnell, um noch anhalten zu können. Ungebremst fegte ich über die Ziellinie in die zweite Runde.

Ich hatte ein klares Ziel vor Augen. Hartmut hatte 48 geschafft, ich würde 50 schaffen. Dieses eine Mal würde ich ihn schlagen. Ich würde einen neuen, einen phantastischen Rekord aufstellen. Einen Rekord, den auch er nicht so schnell würde überbieten können. Es mochte *sein* Mofa sein, aber *ich* hatte es gefahren. Ich versuchte mich noch kleiner zu machen. Meine Backen berührten die kalten Lenkerrohre. Dafür, daß ich noch nie auf einem Mofa gesessen hatte, mußte ich einen ziemlich tollkühnen Anblick abgeben. Ich hoffte, daß Pia mich so sehen würde. Ausgeschlossen, daß sie nicht von mir begeistert wäre.

Immer weiter rückte die Tachonadel auf die 50 vor. Auf der Hälfte der letzten Gerade vor dem Schulhaus war ich schon ganz nahe an Hartmuts Rekord, als plötzlich auf Höhe des Hausmeisterbungalows ein paar alberne Radfahrer vor mir aufkreuzten und dabei annähernd die gesamte Straßenbreite einnahmen. Fünft- oder Sechstkläßler, die von Rekordfahrten vermutlich nicht den Hauch einer Ahnung hatten. Ich mußte mich aufrichten und bis auf Schrittempo abbremsen. Fluchend kurvte ich an ihnen vorbei. Der Rest der Gerade reichte gerade noch, um auf lächerliche 40 zu beschleunigen. Da half es auch nichts, daß ich als zusätzliche aerodynamische Maßnahme die Knie noch enger zusammendrückte und mein Kinn auf dem Tachometer aufsetzte.

Kurz darauf tauchte erneut der Fahrradständer am Straßenrand auf. Meine Klassenkameraden brüllten mir vom Gehsteig unverständliche Worte entgegen. Hartmut stand mitten auf der Fahrbahn und wedelte mit seinen Armen, als wäre er eine Windmühle. Soweit ich das durch meine vertränten Augen erkennen konnte, sah er ziemlich wütend aus. Es war mir klar, daß das hier meine letzte Fahrt auf seinem Mofa war; es würde keinen zweiten Versuch für mich geben, einen neuen Rekord aufzustellen. Ich machte einen kurzen Schlenker und startete erneut durch. Hartmut versuchte mich festzuhalten, aber seine Hand streifte nur kurz meinen Oberarm. Ich schaute in den Rückspiegel und sah gerade noch, wie er sich kopfschüttelnd die Haare raufte.

Auf der dritten Runde schließlich überschlugen sich die Ereignisse. Ich durchbrach die 50er-Schallmauer, meine Mutter kam mir mit ihrem Käfer entgegen, und der Motor hatte eine kleine Verpuffung. Daß all das nahezu gleichzeitig geschah, schien mir keine sonderlich glückliche Fügung zu sein. Ich konnte mir kaum vorstellen, daß meine Mutter sehr erbaut darüber war, mich auf einem rasenden Mofa zu erwischen. Noch dazu fast liegend und mit einem Motor, der kurz davor war, in die Luft zu fliegen.

Was Hartmut anging, konnte ich nur hoffen, daß er den Knall auf die Entfernung nicht gehört hatte. Allerdings würde ihm auf der Heimfahrt von der Schule kaum entgehen, daß sein Mofa nicht mehr richtig zog. Direkt nach dem Knall hatte es einen kleinen Ruck gegeben, und der Motor war langsamer geworden. Ich wußte nicht, was das bedeutete, aber sicher war meine Hochgeschwindigkeitsfahrt nicht ganz unschuldig daran. Wahrscheinlich war es besser, die neue Rekordmarke gar nicht zu erwähnen.

»40, mehr nicht!« sagte ich, als ich kurz darauf von Hartmut gestoppt wurde. »Hab natürlich auch nicht voll aufgedreht.«

Ich versuchte zu grinsen. Hartmut grinste nicht. Er schmierte mir eine links und eine rechts und stieß mich vom Sattel. Sofort fing er an, sein Mofa zu untersuchen. Allem Anschein nach konnte er dabei nichts Verdächtiges entdecken. Er kniete sich auf den Asphalt, um unter den Motorblock sehen zu können, aber auch dort schien alles in Ordnung zu sein. Der Knall mußte von innen gekommen sein. Hartmut stand auf und packte mich am Ärmel.

»Wenn du irgendwas geschrottet hast, dann kannst du dein Sparbuch plündern gehen, das sag ich dir.«

Hastig schüttelte ich den Kopf. Erst jetzt sah ich, daß mittlerweile auch Pia in der Gruppe der anderen stand. Sie ging auf Hartmut zu und küßte ihn auf den Mund.

»Komm«, sagte sie, »laß ihn in Frieden. Der wollte halt auch mal ein bißchen groß sein.«

Sie hakte sich bei ihm unter und schmiegte ihren Kopf an seinen Oberarm. Ganz offensichtlich hatte Hartmuts Mofa auch bei Pia Eindruck hinterlassen. Er ließ mich auf der Stelle los. Ich war mir nicht sicher, ob ich darüber besonders glücklich sein sollte. Nicht über seine Gehorsamkeit und schon gar nicht über Pia. Meine Gefühle für sie sanken in den Gefrierbereich. Sollte sie selbst sehen, wie sie sie da wieder herausbekam.

»Mach, daß du Land gewinnst«, zischte Hartmut mich an, »wir sprechen uns morgen wieder.«

Pia nickte. Ich trollte mich und radelte nach Hause. Vielleicht hatte Hartmut seinen Motor bis zum nächsten Morgen schon wieder auf Vordermann gebracht. Am Ende war es nur die Zündkerze oder ein kaputtes Kabel, das an der Verpuffung Schuld gewesen war. Mit zehn Mark war die Sache vermutlich erledigt.

Das Donnerwetter meiner Mutter fiel milder aus, als erwartet. Sie hatte gerade ihr Ranglistenspiel gegen Frau Rodriguez, ihre ewige Rivalin, gewonnen und war so auf den dritten Platz emporgeklettert. Sie war ziemlich aufgedreht. Wahrscheinlich träumte sie bereits vom Angriff auf die Spitze. So wie Mutter roch, hatte sie mindestens drei Gläser Sekt auf ihren Sieg getrunken. Im Clubhaus, wie ich vermutete. Einen Vortrag über korrektes Verhalten im Straßenverkehr hatte ich so erst einmal nicht zu befürchten. Sie beließ es bei einer Ermahnung.

»Aber laß dich nicht noch einmal erwischen«, sagte sie, »sonst kriegen wir Ärger miteinander, verstanden?«

Ich nickte. Was ihre Siegesfeier im Clubhaus und ihre Sektfahne anging, hielt ich den Mund. Ich wollte in den nächsten Tagen um Erlaubnis fragen, mir schon vor meinem 15. Geburtstag selbst ein Mofa kaufen zu dürfen. Da war es gut, noch ein paar Trümpfe im Ärmel zu haben.

Ich hoffte nur, daß meine Ersparnisse nicht völlig für Hartmuts Mofa draufgehen würden. Wenn es am Ende doch nicht nur die Zündkerze oder ein kaputtes Kabel war, konnte die Sache leicht auch in die Hunderte gehen. Ich hatte über die letzten Jahre gut gespart, aber für zwei Mofas reichte mein Sparbuch ganz sicher nicht. Um einen Kredit konnte ich allenfalls meine Oma bitten, aber ich glaubte kaum, daß sie von meinen Plänen besonders begeistert war. Dummerweise hatte sie erst vor eineinhalb Jahren kräftig bei meinem Fahrradkauf mitgewirkt und sich noch bei ihrem letzten Besuch an Pfingsten darüber gefreut, wie gut es noch immer in Schuß war. Vielleicht konnte ich sie damit locken, daß ich mit einem Mofa schon bald eine Freundin haben würde. Aber bei alten Leuten konnte so ein Schuß auch ganz schnell nach hinten losgehen.

»Sei vernünftig und fahr weiter Fahrrad. Da sparst du dir Geld und Ärger.«

So oder so ähnlich würde es klingen, ganz gleich wer es am Ende sagen würde.

Die Sache mit dem möglichen Schaden an Hartmuts Mofa behielt ich für mich. Daß eine einzige Fahrt hunderte von Mark kosten konnte, sprach nicht gerade für meine Mofapläne. Wenn Hartmut mir irgendwann die Rechnung unter die Nase halten würde, blieb zum Beichten immer noch Zeit genug.

Am nächsten Morgen war Hartmut tot. Herr Häfele, der seit dem neuen Schuljahr nicht nur unser Fränzösisch-, sondern auch unser Geschichts- und Klassenlehrer war, kam in den Religionsunterricht und überbrachte uns die Nachricht. Hartmut hatte am Abend auf dem Weg ins Nachbardorf einen Traktor überholt und war frontal mit einem Mercedes zusammengestoßen.

»Punkt halb acht«, sagte Herr Häfele, »genau da, wo der Feldweg von den Schrebergärten rauskommt.«

Es schien mir, als ob er der Nachricht mit seiner Genauigkeit den Schrecken nehmen wollte. Vermutlich sollten seine Worte wie irgendeine Zeitungsmeldung klingen, die am Ende gar nicht wirklich etwas mit uns zu tun hatte. Es gelang ihm nicht, auch deshalb, weil seine Stimme viel zu leise war. Hartmut war von seinem Mofa geschleudert worden und mit dem Kopf gegen einen Baum geprallt. Man hatte ihn noch mit dem Hubschrauber in die Klinik geflogen, aber da war schon alles zu spät gewesen. Die Apparate auf der Intensivstation hatte man gar nicht mehr eingeschaltet.

»Ich weiß nicht, was ich euch mehr sagen kann«, flüsterte Herr Häfele, »ich wüßte es gern, aber ich weiß es nicht. Es tut mir leid.«

Stumm wie die anderen starrte ich vor mir durch die Tischplatte. Kurz darauf hörte ich leise die Klassenzimmertür ins Schloß fallen. Herr Häfele war gegangen. Ich schaute nicht auf. Irgendwo in den vorderen Reihen weinte ein Mädchen. Hartmut war nie mein Freund gewesen. Ich hatte ihn wenigstens hundertmal zum Teufel gewünscht. Trotzdem merkte ich, daß auch ich Tränen in den Augen hatte. Ich war froh, daß meine nicht zu hören waren.

Pfarrer Flösch wollte mit uns beten.

»Für seine Seele«, wisperte er.

Ich schaute auf. Er zeigte mit ausgestrecktem Arm zur Decke, geradeso, als ob Hartmut nur einen Stock höher säße. Dann faltetet er die Hände. Keiner machte Anstalten, seinem Beispiel zu folgen. Statt dessen stand Frank von seinem Platz auf und ging zur Tür. Die Klinke bereits in der Hand, drehte er sich noch einmal um.

»Ich glaube nicht«, sagte er, »daß Hartmut das gewollt hätte. Daß wir beten, meine ich.«

Frank verließ das Klassenzimmer. Es dauerte nicht lange, und die ganze Klasse folgte ihm. Herr Flösch versuchte erst gar nicht, uns zurückzuhalten. Wir trafen uns auf der Wiese vor der Turnhalle. Jeder lag für sich im Gras und schwieg vor sich hin. Nur Pia und Ulrike saßen beieinander und umarmten sich. Ich sah Ulrikes Hände über Pias Rücken streicheln. Wahrscheinlich brauchte sie jetzt am meisten Trost. Gut, daß das Ulrike übernahm.

Es schien mir unbegreiflich, daß wir Hartmut nie mehr wiedersehen würden. Sein Platz im Klassenzimmer würde leer bleiben. Morgen, übermorgen, den Rest der Woche, den Rest des Schuljahres. Ich wußte nicht, ob ich

Hartmut vermissen würde. Trotzdem fehlte er, schon jetzt. Ich mußte an sein Trikot mit der Glitzerzehn denken und daran, daß ich ihm den Einzug ins Endspiel vermasselt hatte. Für mich und die anderen würde es in drei Jahren eine neue Chance geben, für Hartmut nicht. Ich hatte gehört, daß, wenn man starb, das ganze Leben noch einmal wie in einem Film an einem vorüberzog. Wenn ihm sein Tod genug Zeit dazu gelassen hatte, hatte er so auch mein Handspiel noch einmal gesehen. Der Gedanke, mich womöglich mit diesem Bild von ihm verabschiedet zu haben, machte mich traurig. Ich versuchte, mich mit dem Ausrupfen von Grashalmen abzulenken. Es gelang mir nicht. Immer wieder tauchte dieselbe Szene vor meinen Augen auf. Ich wollte zur Seite springen, aber der Ball landete jedesmal aufs Neue in meinen Armen. Der Schiedsrichter pfiff, und Hartmut kniete an der Strafraumlinie und hämmerte seine Fäuste in den Boden.

Ich war froh, als Volker neben mir auftauchte und sich zu mir setzte.

»Scheiße, was?«

Ich nickte. Den Rest behielten wir für uns.

Irgendwann kam Herr Flösch heraus auf die Wiese. Er sagte, wir könnten heimgehen.

»Herr Häfele und Direktor Helmrich wissen Bescheid. Ihr sollt morgen pünktlich zur ersten Stunde wieder da sein.«

Er nickte in die Runde, als bräuchten seine Worte noch irgendeine Bestätigung. Keiner nickte zurück. Eigentlich hätte uns wohl Herr Häfele selbst heimschicken müssen, aber vermutlich hatte er sich irgendwo verkrochen. Herr Flösch ging zurück in Richtung Schulhaus. Nach ein paar Metern drehte er sich noch einmal zu uns um.

»Und paßt auf! Einer reicht.«

Es war das Bescheuertste, was ich je von einem Lehrer gehört hatte. Es klang, als ob Hartmuts Tod so etwas wie ein Mißgeschick war, etwas, dem man ein zweites Mal besser aus dem Weg ging. Ohne eine Ahnung davon zu haben, was als nächstes passieren würde, stand ich auf.

»Herr Flösch!«

Er drehte sich um und kam zurück. Mit erwartungsvoller Miene blieb er vor mir stehen.

»Ja, Jakob? Du wolltest noch etwas sagen?«

Mir wurde heiß. Ich wußte nicht, was ich sagen sollte.

»Nun?«

Er lächelte mich an. Seine Augen blickten groß und verständnisvoll. Wahrscheinlich machte er diese Augen bei jedem Todesfall. Es waren diese Gott-ist-mit-dir-Augen, die ich schon immer gehaßt hatte. Als er mir seine blasse Hand auf die Schulter legte, fiel es mir endlich ein.

»Es heißt nicht: *Einer reicht*«, sagte ich, »sondern: *Einer ist einer zuviel*. So heißt es.«

Pfarrer Flöschs Augen wurden noch verständnisvoller.

»Aber das ist doch dasselbe«, erwiderte er, »natürlich ist einer einer zuviel. Das versteht sich doch von selbst, oder?«

Seine Hand tätschelte unverdrossen weiter auf meiner Schulter herum. Sie roch nach irgendeinem Parfüm. Hartmut hätte es ein Schwulenwässerchen genannt. Ich tauchte unter seiner Hand ab und setzte mich zurück ins Gras. Mit stummem Blick auf seine Füße schüttelte ich den Kopf. Für mich verstand sich das überhaupt nicht von selbst. Auch dann noch nicht, als ich seine Füße umdrehen und davongehen sah. Fast im selben Augenblick saß Frank neben mir. Auch er legte mir seine Hand auf die Schulter. Sie fühlte sich anders an als die von Herrn Flösch. Ich war froh, daß sie dalag.

»Du hast recht«, sagte er, »das ist nicht dasselbe. Gar nicht dasselbe.«

Ich sah, daß er weinte.

Später kam auch Pia zu mir. Auch sie legte mir die Hand auf die Schulter, und auch über ihre Hand war ich froh. Vielleicht noch froher als über die Franks.

»Das war gut!« sagte sie.

Ich zuckte die Schultern.

»Bist du sehr traurig?« fragte ich.

Sie stierte ins Gras und nickte. Auch ich stierte ins Gras. Vielleicht auf denselben Halm wie sie. Es war nicht der Moment für große Reden. Daß wir zusammen auf der Wiese saßen und traurig waren, reichte für den Augenblick völlig. Meine Gedanken flogen zu Hartmuts Mofa und den zehn Mark in meiner Tasche, die ich jetzt wieder zurück in mein Sparschwein stecken konnte. Ich schämte mich. Hartmut lag irgendwo in einer Leichenhalle, und ich dachte an mein gespartes Geld. Das war schlimmer, als *Einer reicht* zu sagen. Ich schielte zu Pia. Sie stierte weiter ins Gras. Auch von den anderen schien niemand meine Gedanken erraten zu haben. Trotzdem schämte ich mich weiter. Kurz vor dem Beginn der Hofpause kaufte ich für meine zehn Mark am Bäckerstand Mohnbrötchen und verteilte sie auf der Wiese. Außer für Volker und mich reichte es für alle. Anschließend fühlte ich mich etwas besser.

Ich versuchte, mir Hartmuts letzte Sekunden vorzustellen. Wie er hinter dem lahmen Traktor festhing und ungeduldig an ihm vorbei nach vorne schaute. Wie er schließlich ausscherte, obwohl er in der Ferne ein Auto kommen sah. Wie das Auto schließlich näher und näher kam und der Traktor kein Ende nehmen wollte. Wie Hartmut versuchte, sich ganz dünn zu machen und doch von der Motorhaube des Mercedes erwischt wurde, und wie er schließlich den Kopf voran gegen den Baum krachte. Ich fragte mich, was wohl das letzte gewesen war, was er mit seinen Augen gesehen hatte. Die Rinde des Baums, die Randmarkierung der Straße, die Motorhaube, den Mercedes-Stern? Es quälte mich, daß es darauf keine Antwort gab.

Ich überlegte, wie schnell Hartmut gefahren sein mochte. Bei der Einmündung des Feldwegs war die Straße leicht abschüssig. 40, vielleicht 45, möglicherweise hatte er sogar meinen Rekord eingestellt. Ich zuckte zusammen. Was, wenn der Motor auf Höhe des Traktors kurz ausgesetzt hatte. Eine kleine Verpuffung und ein plötzliches Abfallen der Geschwindigkeit, genauso wie auf meiner Rekordfahrt. Vielleicht hatte ihm nur deshalb die Zeit zum Überholen nicht gereicht. Wenn es tatsächlich so gewesen war, dann hatte am Ende noch ich die Schuld an Hartmuts Tod. Gut möglich, daß er von den Problemen an seinem Motor bis zum Abend noch gar nichts bemerkt hatte. Wahrscheinlich war ihm überhaupt nicht in den Sinn gekommen, daß mit seinem Mofa etwas nicht stimmen könnte.

In den nächsten Tagen suchte ich verzweifelt nach Beweisen, die meine Befürchtung zerstreuten. Die Zeitung berichtete zwar in einer kleinen Meldung im Lokalteil von dem Unfall, machte aber keinerlei Angaben zu Geschwindigkeiten oder irgendwelchen Motorproblemen. Man schrieb nur von dem Zusammenstoß und davon, daß der Schüler Hartmut H. nach erfolglosen Wiederbelebungsversuchen noch auf dem Weg ins Krankenhaus gestorben war. Mir fiel auf, daß der Text aus sehr kurzen Sätzen bestand. Keiner davon klang so, als ob Hartmuts Tod irgend jemand leid tun müßte.

Auch Frank, der mit Hartmuts jüngerem Bruder gesprochen hatte, wußte nichts Neues über den Unfallhergang. Vermutlich hatte er ihn gar nicht nach Einzelheiten ausgefragt. Volker wußte immerhin ein bißchen über den Traktorfahrer Bescheid. Er war der Patenonkel seiner jüngsten Kusine. Nach seiner Aussage war Hartmut gefahren wie eine gesengte Sau. Ohne Rücksicht auf Verluste. Und dann, zack, sei er eben volle Pulle auf den Mercedes draufgekracht und gegen den Baum geflogen. Von einem Knall vor dem Zusammenstoß schien der Traktorfahrer nichts gehört zu haben.

»Was für ein Knall«, fragte Volker, »was meinst du?«

»Ach nur so«, sagte ich und winkte ab, »war nur so eine Idee. Vergiß es!«

Er vergaß es. Ich nicht. Obwohl mich der Bericht des Traktorfahrers ein wenig beruhigte, blieben mir noch immer Zweifel. Er mußte ein ziemliches Geknatter in den Ohren gehabt haben, da konnte so eine kleine Verpuffung leicht untergegangen sein. Der Mercedes-Fahrer hatte angeblich einen Schock erlitten und erinnerte sich an gar nichts mehr. An keinen Traktor, kein Mofa, keinen Hartmut und wahrscheinlich erst recht nicht an einen Knall. Es gab keinen Zeugen, der meine Befürchtung bestätigte und keinen, der mich davon erlöste. Der einzige, der dazu mit Sicherheit etwas hätte sagen können, war tot, den Kopf zerplatzt an einem bescheuerten Apfelbaum. Ich drückte mir die flachen Hände gegen die Schläfen, bis ich Kopfweh bekam. Es war alles eine einzige, riesengroße Scheiße.

Vier Tage später war Hartmuts Beerdigung. Es war meine erste. Noch dazu hatte mich ein geheimes Komitee dazu bestimmt, zusammen mit fünf Klassenkameraden den Sarg zu tragen. Mir schien, daß das so etwas wie eine Auszeichnung war. Womit ausgerechnet ich diese Ehre verdient hatte, war mir ein Rätsel.

»Würdest du auch mitmachen«, hatte Pia mich gefragt, »einer fehlt noch, dann haben wir sechs zusammen.«

Pia trug seit dem Unfalltag schwarz. Keiner in der Klasse zweifelte daran, daß sie die Haupttrauernde war. Obwohl niemand wußte, ob außer dem Kuß auf der Straße irgend etwas zwischen den beiden gelaufen war, behandelten sie alle, als sei sie Hartmuts Witwe. Bei ihrer Bitte schnürte es mir den Hals zu.

»Du meinst ... ?«

Pia nickte. Mir blieb keine Wahl.

Die halbe Schule war zur Beerdigung gekommen und das halbe Dorf gleich mit dazu. Hartmuts Vater war Erster Vorsitzender im Gesangverein Konkordia und hatte gleichzeitig noch irgendein Amt im Sportclub. Jeder kannte ihn. Der Friedhof war schwarz mit Leuten. In der Kapelle hatte höchstens die Hälfte von ihnen Platz. Ich stellte mich zu Volker und Frank hinter die letzte Stuhlreihe. Auch sie gehörten zu denen, die das geheime Komitee zu Trägern bestimmt hatte. Ich mußte nur kurz in ihre Gesichter sehen, um zu wissen, daß ich mit meinen weichen Knien nicht alleine war.

Vorne stand, von Kränzen umgeben, Hartmuts Sarg. Er sah aus wie eine Truhe aus einem altmodischen Wohnzimmer. Hartmut hätte er bestimmt nicht gefallen. Ich versuchte mir vorzustellen, wie er da drinnen lag. Mit gefalteten Händen und irgendeinem schicken Hemd; weiß mit polierten Goldknöpfen und albernen Rüschen. Ich schaffte es nicht. In der ersten Reihe erkannte ich Hartmuts Eltern. Ich war mir sicher, daß auch sie es nicht schafften. Auch ohne ihr Gesicht zu sehen, wußte ich, daß seine Mutter weinte. Ihr ganzer Körper schien zu zittern. Ich wollte weggucken, aber meine Augen gehorchten mir nicht. Immer wieder schaute ich auf ihren bebenden Nacken. Zu sehen, wie andere traurig waren, war noch schlimmer, als selbst traurig zu sein.

Die Worte des Pfarrers waren ein ziemlicher Stuß. Ich kannte ihn nicht, und so wie er redete, hatte *er* Hartmut nicht gekannt. Gegen sein Gesülze war Pfarrer Flösch ein Waisenknabe. Glaubte man dem, was er so alles von sich gab, dann mußte Hartmut eine Art Heiliger gewesen sein; hilfsbereit, fleißig und überall beliebt. Es war eine einzige Lüge. Hartmuts Eltern in der ersten Reihe nickten. Wenigstens sie schienen daran zu glauben. Wenn noch ein Rest Leben in Hartmut war, dann würde er sich in seinem Sarg die Ohren zuhalten, da war ich mir sicher.

Das einzige, was ihm wirklich gefallen hätte, war, daß nach der Trauerrede *Angie* von den *Rolling Stones* gespielt wurde. Ich kannte mich mit so was nicht aus, aber ich nahm an, daß Rockmusik in Friedhofskapellen ziemlich selten war. Noch lieber hätte Hartmut wahrscheinlich *Satisfaction* oder *Sympathy for the Devil* gehört, aber da hatte der Pfarrer vermutlich nicht mitgemacht. Für einen Moment vergaß ich, was mir bevorstand. Ich summte leise mit. Solange, bis ein alter Mann vor mir hustete. Es klang wie die Verpuffung an Hartmuts Mofa.

Dann war *Angie* zu Ende. Der Pfarrer sagte ein paar letzte Worte und nickte uns schließlich zu. Das war das verabredete Zeichen. Ich schaute zu Frank. Auch er nickte. Mein Magen krampfte sich zusammen. Mir wurde übel. Ich dachte kurz daran, einen Ohnmachtsanfall vorzutäuschen, aber schon im nächsten Moment schob Frank mich durch den Mittelgang nach vorne. Es gab kein Entrinnen. Vermutlich hatte mir Pia diese Sache eingebrockt. Eine weitere späte Rache für meine Busengrabscherei. Ich wünschte Pia zum Teufel, nahm meinen Fluch aber noch im selben Augenblick wieder zurück.

Mit dem Teufel war nicht zu scherzen, schon gar nicht auf einer Beerdigung.

Wir stellten uns neben dem Sarg auf und warteten auf das zweite verabredete Nicken. Zum ersten Mal sah ich Hartmuts Eltern in der ersten Reihe von vorne. Seine Mutter starrte mit einem seltsamen Lächeln auf den Sarg. Sie schien auf ein Wunder zu warten. Ich hatte von einem Fall gehört, da war ein Toter tatsächlich wieder aufgewacht und hatte während der Beerdigung von innen gegen den Deckel geklopft. Vielleicht kannte sie die Geschichte. Als wir schließlich die Griffe packten und den Sarg anhoben, schien es mit ihrer Hoffnung allerdings vorbei zu sein. Sie stand auf und streckte wimmernd ihre Arme aus. Hätte sie Hartmuts Vater nicht zurückgehalten, hätte sie sich mit Sicherheit schon im nächsten Augenblick über den Sarg geworfen. Ich war froh, daß uns wenigstens das erspart blieb.

Wir folgten dem Pfarrer aus der Kapelle. Der Sarg war viel leichter, als ich gedacht hatte. Vielleicht hatte sich ein Teil von Hartmut schon in Richtung Himmel oder sonstwohin davongemacht. Der Gedanke, daß Hartmut nicht wirklich in dieser schrecklichen Holzkiste lag, machte mir das Tragen irgendwie einfacher. Am Grab stellten wir den Sarg auf drei Balken, die über die Grube gelegt waren. Den Rest sollten die Totengräber übernehmen. Angeblich war es dem Pfarrer schon einmal passiert, daß ein Sarg durch stümperhaftes Ablassen in die Grube gekracht und aufgebrochen war. An der Seite hatte eine Hand herausgeguckt, und der Sohn des Toten hatte am Grab einen Schwächeanfall erlitten. Ein zweites Mal wollte der Pfarrer so etwas wahrscheinlich nicht riskieren.

Mit einer kurzen Verbeugung zogen wir uns zurück. Ich atmete durch und lehnte mich gegen ein nahes Mäuerchen. Auch Volker war erleichtert.

»Nie mehr«, flüsterte er mir von der Seite zu, »das kannst du mir glauben.«

Ich glaubte ihm. Unterdessen wurde Hartmuts Sarg an schwarzen Bändern in die Grube gelassen. Langsam verschwand er in der Tiefe. Mit einem dumpfen Geräusch hörte man ihn schließlich auf dem Boden aufsetzen. Hartmuts Mutter machte noch einmal den Versuch hinterherzuspringen, aber wieder war ihr Mann rechtzeitig zur Stelle. Er umfaßte sie mit dem Arm und weinte mit ihr zusammen in die Grube. Meine eigenen Tränen versuchte ich hinunterzuwürgen. Nur ein paar schafften es nach draußen.

Fast alle Beerdigungsbesucher stellten sich am Grab an und schüttelten Hartmuts Eltern die Hände. Ihre Lippen bewegten sich stumm. Die Mädchen aus unserer Klasse warfen Rosen in die Grube. Pia hatte zusätzlich einen Brief in der Hand. Ich wußte nicht, ob sie wirklich daran glaubte, daß Hartmut ihn noch jemals würde lesen können, aber auch er landete schließlich in der Grube.

Ich fragte mich, wie wohl meine Beerdigung aussehen würde. Mein Vater war weder Erster Vorsitzender im Gesangverein noch hatte er irgendein Amt im Sportclub. Außer ein paar Nachbarn und meinen Klassenkameraden würde vermutlich kaum jemand kommen. Auch was die Rosen anging, hatte ich meine Zweifel. Und einen Brief von Pia konnte ich mir wohl erst recht abschminken. Hartmuts Abschied war schon eine große Sache, das mußte man neidlos anerkennen. Irgendwie trug er noch immer die Nummer 10. Schade nur für ihn, daß er nicht mehr damit angeben konnte.

»Gehen wir?«

Volker schaute mich von der Seite an. Ich nickte. Gemeinsam trotteten wir zum Ausgang und stiegen auf unsere Räder.

»Fußball?« fragte ich.

Volker zuckte mit den Schultern. Durch die Reihen der vor dem Friedhof parkenden Autos schlängelten wir uns auf die Straße. Wenn wir uns beeilten, konnten wir schon in einer halben Stunde auf dem Bolzplatz sein.

Engel

Im Herbst fuhren wir ins Landschulheim nach Südtirol. Obwohl das eine Woche Extraferien bedeutete, wollte in der Klasse keine rechte Stimmung aufkommen. Das mochte daran liegen, daß an Stelle von Herrn Häfele, der sich in seinem Garten mit dem Rasenmäher ein paar seiner Fußzehen abgesäbelt hatte, ausgerechnet Herr Imhofer als Ersatz ausgewählt worden war. Seitdem er in der ersten Schulzeitung nach den Ferien in einem Witzartikel *der Diktator* genannt worden war, war er noch rabiater als zuvor. Er hatte die Herausgabe des Namens des verantwortlichen Schreibers gefordert, aber die Redaktion des *Megaphon* hatte sich stur gezeigt. So stur, daß sie zuletzt sogar ihre Auflösung in Kauf genommen hatte. Obwohl keiner aus unserer Klasse mit der Zeitung etwas zu tun hatte, ließ Herr Imhofer seinen Zorn auch an uns aus. Außer ein paar Mädchen gab es niemanden mehr in der Klasse, der seit der Diktatorgeschichte nicht wenigstens einmal von ihm zur Schnecke gemacht worden war.

Als zweite Aufsichtsperson sollte Frau Jensen, eine junge Referendarin, mit nach Südtirol fahren. Frau Jensen war erst seit den Sommerferien an unserer Schule und bereits zur unumstrittenen Nr. 1 unter den Lehrern aufgestiegen. Sie war höchstens dreißig und sah aus wie eine Filmschauspielerin. Leider hinkte sie ein bißchen, aber das tat unserer Begeisterung für sie keinen Abbruch. Sie unterrichtete Deutsch, dabei konnte sie ohnehin die meiste Zeit sitzen. Schon nach vier Wochen hatte sie die ganze Klasse zu sich nach Hause eingeladen. Sie wohnte mit anderen zusammen in der alten Ziegelfabrik im

Nachbardorf. Wir tranken Tee auf dem Boden und durften sie duzen. Sie hieß Jennifer, aber Freunde durften Jenny zu ihr sagen.

»Und«, fragte Tilmann, »dürfen wir?«

Wir durften. Allerdings nur für diesen einen Nachmittag. In der Schule mußte vorläufig alles beim Alten bleiben. Jenny hatte Angst um ihre Beurteilung, das leuchtete uns ein. Wenn ich für mich war und ihren Namen leise vor mich hin sagte, sprach ich dabei das J von Jensen genauso wie das von Jenny aus. Mir gefiel, daß es so ein bißchen amerikanisch klang. Wenn sie doch noch Schauspielerin werden wollte, hatte sie so jedenfalls schon einmal den richtigen Namen.

Was Herrn Imhofer anging, taugte der nicht einmal zum Statisten. Mit seiner Halbglatze und seinen Glubschaugen konnte man ihn allenfalls als Leiche in *Aktenzeichen XY* gebrauchen. Zumindest wenn sein Kopf dabei nicht ins Bild mußte. Zu Jenny paßte er ungefähr so gut wie Marty Feldman zu Romy Schneider. Sie war genausowenig zu beneiden wie wir.

Noch bevor wir losfuhren, teilte Herr Imhofer eine Verbotsliste aus. Er nannte sie seine *Zehn goldenen Regeln*. Verboten waren Alkohol, Rauchen, laute Musik, Störung der Nachtruhe (ab 21 Uhr), Betreten der Mädchenschlafräume durch Jungen, Betreten der Jungenschlafräume durch Mädchen, Lokal- und Diskothekenbesuche, unerlaubtes Entfernen von der Gruppe, Kontakte zur Dorfjugend und eigenmächtiges Fernbleiben von den Mahlzeiten. Es klang wie eine Gefängnisordnung. Jenny zuckte mit den Schultern. Wegen ihr, sagte sie, müßten wir nichts davon einhalten, aber als kleine Referendarin hatte sie natürlich nicht viel zu melden.

Auch unsere Eltern wurden bei einem Elternabend auf Herrn Imhofers Liste eingeschworen. Keiner von uns sollte in den Bus steigen, ohne nicht zu Hause die Regeln noch einmal Punkt für Punkt eingebleut bekommen zu haben. Meine Eltern fanden die Verbote zwar im großen und ganzen angemessen, legten den Zettel aber schnell wieder beiseite. Größere Ermahnungen blieben aus. Die meisten Sachen auf der Liste trauten sie mir wahrscheinlich ohnehin nicht zu. Das von Herrn Imhofer vorgeschlagene Taschengeld von zwanzig Mark allerdings beherzigten sie auf den Pfennig genau. Ich wußte nicht, was sie und Herr Imhofer für eine Vorstellung von Italien hatten, aber offensichtlich glaubten sie, daß man dort in den Läden noch mit einem Lächeln bezahlte. Mit zwanzig Mark in der Tasche in Urlaub zu fahren war der totale Witz. Ich plünderte mein Sparschwein und stockte meine Reisekasse kurzerhand auf vierzig Mark auf. Aber selbst das war für eine Woche Italien ganz sicher nicht die Welt.

Während der ganzen Busfahrt saß ich in der ersten Reihe. Das war eigentlich ein klassischer Mädchenplatz. Als Junge saß man hinten, am besten in der Fünfer-Reihe am Busende, aber ich hatte darauf spekuliert, so Jenny auf dem tiefer liegenden Beifahrersitz die ganze Fahrt vor mir zu haben. Meine Rechnung ging auf. Jenny legte ihre Handtasche auf die Ablage der Windschutzscheibe und machte es sich direkt vor meinen Augen bequem. Herr Imhofer setzte sich zu den Jungs nach hinten.

»Damit denen nicht schon auf der Hinfahrt Flügel wachsen.« sagte er.

Ich drehte mich um und sah Frank die Augen verdrehen. Es schien, als hätte ich alles richtig gemacht.

Der Platz neben mir blieb frei. So hatte ich Jenny ganz für mich alleine. Sie hatte ihre Haare hinten am Kopf zu einem Pferdeschwanz zusammengebunden. Mit jeder

Bewegung des Busses wackelte er hin und her. Ihr weißblaues Ringel-T-Shirt war soweit ausgeschnitten, daß ich, wenn ich mich ein bißchen vornüberbeugte, bis zu ihrem BH hineinschauen konnte. Ich stellte meinen kleinen Ausflugsrucksack zwischen die Füße und kramte öfter als notwendig darin herum. Einmal drehte sich Jenny dabei zu mir um und lächelte mich an. Entweder, sie hatte meine Blicke in ihren Ausschnitt nicht bemerkt, oder aber sie hatte nichts dagegen. Einen Vorwurf konnte ich in ihrem Gesicht jedenfalls nicht entdecken.

»Und«, fragte sie, »alles dabei?«

Ich nickte. Mein Mund klebte zusammen, als hätte ich Uhu gefressen. Ich nickte ein zweites Mal. Als ich meine Zähne schließlich doch noch auseinanderbrachte, hatte sie sich schon wieder nach vorne umgedreht.

Über den Wirbeln unterhalb ihres Halses wuchsen kleine dunkle Flaumhärchen. Ich stellte mir vor, wie es sich anfühlte, wenn man mit den Fingern darüberfuhr. Im Nu hatte ich einen Steifen. Ich lehnte mich zurück und schloß die Augen.

»Ja, Jakob, weiter so«, hörte ich Jenny flüstern, »das machst du gut, Jakob.«

Mit der Hand in der Tasche versuchte ich unauffällig meinen Pimmel zu reiben. Vor mir erhob sich Jenny von ihrem Sitz und knöpfte ihre Bluse auf. Ihr BH, der darunter auftauchte, war durchsichtig. Ihre Brüste waren rund und prall. Leise raschelnd ließ sie ihre Bluse auf den Sitz gleiten. Sie legte ihre Hände in den Nacken und wackelte mit dem Po. Unter ihren Armen wuchsen dichte schwarze Haarbüschel.

»Na, Jakob«, hauchte sie, »gefalle ich dir?«

Mit lüsternen Blicken fing sie im selben Moment an, auch noch an ihrer Gürtelschnalle herumzunesteln. Die Finger in meiner Hose bewegten sich schneller.

»Ich komm zu dir, rutsch mal ein Stück!«

Jennys Brüste baumelten keinen halben Meter vor meinen Augen. Sie nahm meine Hände und legte sie auf ihre Brustwarzen. Sie waren hart und heiß. Die Jeans hingen ihr lose über den Hüften und ließen mich bereits den Rand ihres Slips erkennen. Auch er war durchsichtig.

»Heh, pennst du? Rutsch mal!«

Ich schlug die Augen auf. Tilmann stand neben mir im Mittelgang und versuchte mich mit den Händen auf den Fensterplatz zu scheuchen. Hastig zog ich die Hand aus meiner Hose und schlug die Beine übereinander.

»Na dann nicht!« maulte Tilmann und stieg kurzerhand über mich drüber. Seufzend ließ er sich in den Sitz plumpsen. »Ich sag dir eins, mit dem Immi gibt das eine einzige Katastrophe. Jetzt dürfen wir da hinten noch nicht mal mehr Witze erzählen. Wenn das so weiter geht, dann wird das hier die reinste Klosterfahrt.«

Genervt schüttelte er den Kopf. Ich war erleichtert. Allem Anschein nach hatte er von meiner kleinen Taschenmassage nichts mitbekommen. Trotzdem herrschte in meiner Hose auch weiter Explosionsgefahr. Um mich von Jennys Nacken abzulenken, schlug ich Tilmann vor, eine Runde Magnetschach mit mir zu spielen.

»O.k.«, sagte er, »aber ich spiel mit Weiß!«

Ich nickte. Nach fünf Zügen war die Aufregung in meiner Hose vergessen, nach zwölf war Tilmann matt. Es war kein großer Sieg. Tilmann war einfach ein lausiger Schachspieler.

Unser Landschulheimaufenthalt wurde tatsächlich zu einer Klosterfahrt. Das lag weniger an Herrn Imhofer, der vor Ort nur halb so schlimm war, wie er immer getan hatte, als vielmehr daran, daß wir es einfach nicht fertigbrachten, irgend etwas Vernünftiges auf die Beine zu stellen. Mit Mühe schafften wir es, wenigstens die erste seiner goldenen Regeln zu brechen. Zu fünft tranken wir im Wald hinter dem Jugendheim eine Flasche Bier, die Frank beim Einkaufen im Ärmel seiner Jacke hatte mitgehen lassen. Es reichte noch nicht einmal, um beschwipst zu werden. Ein paar der Mädchen verstießen immerhin gegen Regel 9, Kontakte zur Dorfjugend, und handelten sich ein paar Ermahnungen ein. Herr Imhofer führte über unsere Verfehlungen eine Strichliste, die an einer kleinen Pinnwand direkt neben dem Eingang aushing. Sie blieb kläglich leer. Besonders in der oberen Hälfte, dort, wo die Jungennamen standen.

Ellen bekam einen Strich, weil sie einen Dorfjungen geküßt hatte. Sie hatte sich an der Einfahrt zum Haupthaus von ihrem Luigi verabschiedet und war dabei von Herrn Imhofer vom Balkon aus mit dem Fernglas beobachtet worden. Im Aufenthaltsraum von ihm zur Rede gestellt, gab sie den Kuß ohne zu zögern zu. Dabei schaute sie in meine Richtung und nickte.

»Ausgerechnet Ellen«, flüsterte mir Tilmann zu, »die Italiener müssen blind sein. Oder total bescheuert.«

Ich nickte zurück, aber Ellen hatte sich schon wieder zu Herrn Imhofer umgedreht. Zur Strafe mußte sie alle Klos putzen und bekam für zwei Tage Ausgehverbot. Das hatte sie davon.

Auch die anderen Mädchen schienen endgültig jegliches Interesse an uns verloren zu haben. Um einen Strich zu bekommen, hätten wir Jungs uns schon gegenseitig küssen müssen. Nicht einmal bei der Party, die Herr Imhofer bereits genehmigt hatte, wollten sie mitmachen. Dabei hatten wir die Mädchen insgeheim schon unter uns aufgeteilt. Die zwei Kassetten mit Stehblues, die Frank von zu Hause mitgenommen hatte, versauerten in seinem Rucksack.

Um unser angeschlagenes Image ein wenig aufzupolieren, beschlossen wir, ein Fußballspiel gegen die Jungs aus dem Dorf auszutragen. Nach allem, was wir gesehen hatten, waren sie im Durchschnitt einen halben Kopf kleiner als wir. Dafür war selbst Herr Imhofer zu begeistern. Seine Glubschaugen leuchteten.

»Deutschland gegen Italien«, rief er begeistert aus, »da könnt ihr endlich mal zeigen, was in euch steckt!«

Es war klar, daß er nichts anderes als einen Sieg von uns erwartete. Das erwarteten wir auch. Ohne jegliche Ordnung im Mittelfeld verloren wir mit 7:0. Und das, obwohl unsere Gegner nur mit neun Mann angetreten waren. Danach schwenkten auch die letzten der Mädchen ins Italienerlager um.

»Italiener sind nicht nur die besseren Fußballer«, verkündete Sylvia, »sie sind auch die besseren Liebhaber. Dagegen ist eben nichts zu machen.«

Frank platzte der Kragen.

»Bumst ihr jetzt etwa schon rum mit diesen Makkaronifressern?«

Damit war die Stimmung endgültig versaut. Selbst nachdem Herr Imhofer anfing, die Mädchen auf Schritt und Tritt zu überwachen und es so keiner mehr gelang, ins Dorf zu entwischen, zeigten sie uns weiter die kalte Schulter. Zwar nahm Sylvia Franks Entschuldigung für seinen Makkaronispruch an, aber selbst das rettete nicht mehr viel.

Auch mit Jenny war es vorbei. Am vierten Tag unseres Aufenthalts kam sie morgens mit kurzen Hosen zum Frühstück. Ab da wußte jeder, warum sie hinkte. Sie hatte nur ein Bein. Zumindest hatte sie keine zwei. Unterhalb ihres linken Knies war statt Fleisch und Knochen nur Holz und Leder. Sie sah aus, als käme sie direkt von den Dreharbeiten zu einem Horrorfilm. Mehrere fleischfarbene Riemen verbanden das Ungetüm mit ihrem Oberschenkel. Ihr Holzfuß steckte in einem Basketballstiefel. Sie setzte sich an den Tisch mit Volker, Benny und mir und tat so, als ob überhaupt nichts Besonderes wäre. Mit ihrem Schauspielerinnenlächeln fragte sie uns, ob wir gut geschlafen hätten. Es war schrecklich. Ich saß direkt neben ihr und wagte kaum zu atmen. Nur eine winzige Bewegung, und ich würde an ihr Holzbein stoßen. Von allen anderen Tischen glotzten sie zu uns herüber. Auch Herr Imhofer glotzte. Seine Glubschaugen kamen ihm fast zum Kopf heraus. Es war offensichtlich, daß Jennys Bein auch für ihn eine Neuigkeit war.

Vollends eklig wurde die Sache, als sie auf unserer Morgenwanderung während der Vesperpause ihr Bein abschnallte und samt Basketballschuh neben sich legte. An ihrem Knie baumelte, übersäht mit Narben, ein rosiger Fleischstumpf. Er sah aus wie ein angeschwollener Rüssel. Sie schlug ihn über ihr gesundes Bein und begann ihn mit beiden Händen zu massieren. Mir würde übel. Mein gerade erst angebissenes Schinkenbrot landete lautlos in den Büschen. Auch Herr Imhofer schien mit dem Anblick so seine Probleme zu haben. Sein hartgekochtes Ei und seine bereits aufgeschnittene Tomate wanderten ungegessen zurück in seine Frühstücksdose. Eilig mahnte er zum Aufbruch.

Meine allabendlichen Einschlafbilder waren zerstört. Noch bevor Jennys Brüste vor meinen Augen auftauchen konnten, geisterte bereits ihr rosiger Stumpf in meinem Kopf herum. Ich versuchte statt dessen an Pia zu denken, aber auch sie hatte plötzlich ein Stummelbein. Den anderen im Schlafsaal schien es ähnlich zu gehen. Unsere nächtlichen Gespräche über die Mädchen verstummten fast völlig.

»Das ist ganz schön schlimm, das mit Frau Jensens Bein,« sagte Benny am Morgen. »Meint ihr, die ist auch unter den Rasenmäher gekommen?«

Gemeinsam dachten wir über Herrn Häfele nach und darüber, wie er jetzt wohl aussah. Ihm, da waren wir uns einig, konnte eine Prothese nicht einmal halb so viel anhaben wie Jenny. Immerhin brachte uns ihr Stummelbein vorübergehend wieder ein bißchen näher mit den Mädchen zusammen. Es war endlich einmal wieder eine Sache, die uns alle anging. Sylvia behauptete, daß sie so etwas schon lange vermutet habe. Sie tippte auf einen Sportunfall, und das glaubte bald auch der Rest der Klasse. Möglicherweise kam es auf dasselbe heraus, aber es schien doch um einiges ehrenvoller zu sein, sein Bein beim Reiten oder Segeln verloren zu haben als ausgerechnet unter einem Rasenmäher. Ein Motorradunfall wäre vielleicht auch in Frage gekommen, aber daran wollte keiner denken.

Frank nutzte die Gunst der Stunde und brachte noch einmal das Thema Party ins Gespräch.

»Wenn wir langsame Sachen spielen«, sagte er, »dann kann sogar Jenny mittanzen. Das würde ihr sicher Spaß machen.«

Offensichtlich hatte er die Hoffnung nicht aufgegeben, daß seine beiden Kassetten doch noch zum Einsatz kommen würden. Besonders auf der zweiten, verriet er mir, habe er eine Abknutschnummer nach der anderen aufgenommen. *Let it be* von den *Beatles* war angeblich noch die schnellste davon. Die Aussicht, so vielleicht auch mit Jenny tanzen zu müssen, erschreckte mich. Ich war froh, als die Mädchen erneut ablehnten.

Die restlichen Tage verbrachten wir mit verschiedenen Turnieren, die sich Herr Imhofer in einem plötzlichen Anfall von Eifer ausgedacht hatte. Er nannte es *Kräfte-*

messen und deutete dabei mit dem Zeigefinger auf seinen fleischigen Oberarm. Obwohl man seinem Gesicht ansah, daß er ihn anspannte, wölbten sich seine Muskeln kaum aus. Es sollte Wettkämpfe im Federballspielen, Tischtennis, Boccia, Seilspringen, Ringtennis, Skat, Dame und Mühle geben. Jeder mußte bei wenigstens dreien davon mitmachen. Einzig Herr Imhofer selbst war von jeder Teilnahme befreit. Er bezeichnete sich als Oberschiedsrichter und behauptete, nur so neutral bleiben zu können. Wie die meisten tippte auch ich darauf, daß er bloß Angst hatte, sich zu blamieren.

Ich gewann das Federball- und das Skatturnier und war so der einzige, der mit zwei Siegerurkunden nach Hause fahren konnte. Daß mir bei beiden Siegen das Glück tüchtig zur Seite gestanden hatte, interessierte dabei niemand. Ohnehin schien es allen ziemlich gleichgültig zu sein, wer am Ende auf dem von Herrn Imhofer mit Tischen und Stühlen improvisierten Siegerpodest stand. Einzig Benny zeigte einen Rest von Begeisterung, als er seinen zweiten Platz im Mühleturnier entgegennahm. Die zugehörige Urkunde verstaute er sorgfältig zwischen zwei Pappkartons in seinem kleinen Wanderrucksack. Zur Überraschung aller gewann auch Jenny ein Turnier. Im Seilspringen hatte ihr keiner auch nur annähernd das Wasser reichen können. Sie mühte sich mit ihrer Prothese auf das Siegerpodest und deutete ein kurzes Jubeln an. Artig spendeten wir ihr Beifall.

Am Tag darauf fuhren wir ab. Außer Ellen trauerte Italien keiner eine Träne nach. Sie hielt die ganze Fahrt durchs Dorf noch einmal letzte Ausschau nach ihrem Luigi, aber der hatte sie vermutlich lange schon vergessen. Bis Österreich blieb die Stimmung trübe. Tilmann sorgte mit seiner Jesus-Nummer zwar noch einmal für ein kleines Stimmungshoch, aber sehr lange hielt auch das nicht an. Als wir schließlich über die Grenze nach Deutschland rollten, schlief fast der ganze Bus.

»Ich glaube«, sagte Volker neben mir, »mit Hartmut wäre mehr los gewesen.«

Das war es wohl.

Als ich zu Hause meinen Geldbeutel leerte, kamen mir neben meinem Reserve-Zwanziger noch jede Menge Lire-Scheine entgegen. Ich hatte kaum etwas ausgegeben. Meinen Eltern erzählte ich, daß ihr Geld gerade so gereicht hätte, und daß sie mir das nächste Mal schon etwas mehr mitgeben müßten. Mehr erzählte ich nicht. Ich ging auf mein Zimmer und legte mich aufs Bett. Die Hand in der Hose, versuchte ich ein letztes Mal an Jennys Nackenhärchen zu denken. Mit Bildern von häßlichen Rüsseltieren schlief ich ein.

Nachspiel

Der Rest des Jahres hatte es noch einmal in sich. Meine Oma starb nach einem Sturz auf der Kellertreppe, Anka wurde nach einem geheimnisvollen Arztbesuch ins Krankenhaus eingeliefert, und meine Eltern nahmen ganz offen das Wort Scheidung in den Mund. Zumindest, wenn sie sich unbelauscht fühlten.

»Aber es ist doch achtzehn Jahre gutgegangen«, sagte mein Vater bei einem ihrer Krisengespräche auf dem Dachboden, »achtzehn Jahre, denk doch!«

»Und jetzt geht es eben nicht mehr«, hörte ich die Stimme meiner Mutter antworten, »Herrgott, du weißt doch selbst, daß es so nicht mehr weitergehen kann.«

Mitten in eines dieser Scheidungsgespräche hinein kam die telefonische Nachricht, daß meine Oma tot am Ende ihrer Kellertreppe lag. Ganz plötzlich lagen sich Mutter und Vater wieder in den Armen. Ich verschwand in mein Zimmer und wartete, bis sie leise anklopften. Dann weinte auch ich ein bißchen. Vor der Beerdigung verschonte mich eine Mathearbeit, die, angeblich ganz in Omas Sinne, Vorrang vor allem anderen hatte. Ich glaubte, daß mich Oma lieber dabeigehabt hätte, aber so war es mir auch recht. Kurz nach Hartmuts Beerdigung war ich nicht besonders scharf darauf, das alles noch einmal zu erleben.

Was Anka anging, blieb die Sache mit ihrem Krankenhausaufenthalt rätselhaft. Meine Eltern redeten unentwegt um den heißen Brei herum, und auch Anka wollte nicht so recht mit der Wahrheit herausrücken, als sie nach einer Woche wieder zurück war. Ich vermutete, daß es etwas mit ihrer Magengeschichte zu tun haben mußte.

»So was ähnliches«, sagte meine Mutter, »das haben viele Mädchen.«

Mehr bekam ich nie heraus.

Kurz nachdem Oma unter der Erde war, gingen die Krisengespräche auf dem Dachboden weiter. Ich hörte, daß meine Eltern sich Sorgen um Anka machten.

»Gerade jetzt«, sagte mein Vater, »das verkraftet sie doch nie. Laß uns doch wenigstens warten, bis sie aus dem Gröbsten raus ist.«

Da war es wieder: *das Gröbste*. Offenbar wußten sie selbst nicht so genau, wann es damit vorbei war. Obwohl Anka inzwischen schon fast siebzehn war, schienen sie mir mehr zuzutrauen. Mein Name fiel in ihren Gesprächen nie. Ich war mir nicht sicher, ob das ein gutes Zeichen war.

In der Schule sprachen die Lehrer unterdessen immer häufiger vom *Ernst des Lebens*, der uns angeblich erst noch bevorstand. Es klang wie eine Drohung, und das sollte es vermutlich auch sein. Die, die nach der zehnten Klasse mit der Mittleren Reife abgehen wollten, schienen dabei besonders gefährdet zu sein. Irgendwie wollten uns alle weismachen, daß die Schulzeit gegen das, was uns noch erwartete, der reinste Spaß war. Eine Art Vorgeplänkel, mehr nicht. Die ganze Sache wurde immer undurchsichtiger. Wo hörte das Gröbste auf, und wo begann der Ernst des Lebens? Und gab es vielleicht irgendeine Zeit dazwischen? Es war schwer, in diesem ganzen Durcheinander noch den Überblick zu behalten. Auch Volker und Frank wußten keine Antwort.

»Ich laß es einfach auf mich zukommen«, sagte Frank, »ich glaube, die Alten machen nur eine Menge Wind. Am

Ende ist es bestimmt gar nicht so schlimm, wie sie immer tun.«

Das glaubte Volker auch.

Was die Mädchen anging, liefen die Dinge zusehends besser. Pia, die ihre Trauerzeit um Hartmut beendet zu haben schien, ging zwar jetzt mit einem Mokickfahrer aus der Elften, aber dafür hatten wir begonnen, das Angebot in der Siebten auszukundschaften. Schließlich standen nicht nur die Mädchen aus unserer Klasse auf ältere Jungs. Frank hatte bereits eines der Mädchen zum Eis eingeladen und angeblich dabei sogar den Arm um ihre Schultern gelegt. Das nächste Mal wollte sie ihre beiden Freundinnen mitbringen, die fest für Volker und mich eingeplant waren.

»Aber klar«, sagte Frank, »daß wir sie einladen müssen. Da dürfen wir nicht rumgeizen.«

Wir nickten. Ich ging nach Hause und leerte mein Sparschwein. Außer dem kläglichen Rest meines Taschengelds hatte ich noch immer die Lire-Scheine von unserem Landschulheimaufenthalt. Ich steckte sie in meine Hosentasche und ging damit zur Bank. Der Schalterbeamte musterte sie wie Falschgeld. Jeden einzelnen hielt er gegen das Fenster.

»Kein Wunder«, murmelte er, »daß bei denen immer Krieg ist.«

Einen, der bereits mit Klebestreifen geflickt war, nahm er nicht zurück. Der Rest verwandelte sich in deutsches Geld. Ich bekam kaum mehr als die Hälfte von dem, was ich mir erhofft hatte. Die Münzen in meiner Tasche, machte ich mich auf in Richtung Eisdiele. Für zwei Eisbecher und eine Umarmung würde es schon reichen.